Eine Buchreihe zum 20-jährigen Jubiläum von PACT Zollverein

A book series celebrating the 20th anniversary of PACT Zollverein

Hg./Eds.
Esther Boldt, PACT Zollverein
mit/with Katharina Burkhardt,
Ann-Charlotte Günzel

HANDLUNGSRÄUME
AGENCY

Radical Proximity

Interviews und Essays
von und mit
Interviews and essays
by and with

ESTHER BOLDT
ROSI BRAIDOTTI
TIM ETCHELLS
GABRIELE GRAMELSBERGER
INGRID LAFLEUR
LUIZA PRADO DE O. MARTINS

Inhalt

Zwischen den Zeilen. Zwischen den Zeiten

PROLOG

Zum 20-jährigen Bestehen von PACT Zollverein: ein Tischfeuerwerk.

Eine Backsteinhalle, die Fassade klar strukturiert von großzügigen Fenstern. Ein tonnenförmiges Dach, das, der Kompaktheit des Baus zum Trotz, eine gewisse Kathedralenhaftigkeit erzeugt. Durch die gläsernen, schweren Flügeltüren hinein in einen breiten Gang. Rechts Bürotüren, die teilweise offenstehen, dahinter: konzentrierte Emsigkeit. Links zwei Studios: Holzboden, lichte Decken, hohe Fenster mit zartem Stahlgerippe auch hier.

Wer das Performing Arts Choreographisches Zentrum NRW Tanzlandschaft Ruhr (kurz: PACT Zollverein) betritt, ist sofort im Zentrum des Geschehens. Auch der Weg des Publikums zu abendlichen Performances führt, ungewöhnlich genug, zwischen den Arbeitsräumen hindurch, bevor es ins Foyer geht auf ein Getränk oder direkt die breite Backsteintreppe in den ersten Stock hinauf, zu den beiden Bühnen. Vorbei an weißgekachelten Wänden, in die Seifenschalen eingelassen sind, eine Referenz an die Geschichte des Hauses: Wuschen sich doch einst hier, in der ehemaligen Waschkaue der Zeche Zollverein in Essen, täglich dreitausend Bergarbeiter:innen den Kohlestaub vom Leib. Ein Ort der Transformation schon damals, wie der Künstlerische Leiter Stefan Hilterhaus erzählt, auf die Haken an der Decke der Großen Bühne verweisend, wo einst Säcke mit sauberer wie schmutziger Kleidung emporgezogen wurden. Transformation, das Verfolgen und Aufgreifen, aber auch das Initiieren künstlerischer wie politischer Veränderungen sind seit der Gründung von PACT Leitmotive seiner Arbeit.

Mit verhältnismäßig geringen Eingriffen wurde die ehemalige Waschkaue zum Veranstaltungsort umgebaut. Seit 2002 fungiert sie nun als Gastgeberin für den Austausch, über Disziplinen-, Länder- und Kulturgrenzen hinweg. Im Essener Norden, auf der Zeche Zollverein gelegen, die 1986 geschlossen wurde und 2001 von der UNESCO zum Weltkulturerbe erklärt und wo seither Kunst und Kreativwirtschaft eingezogen sind; hier also, im suburbanen Raum zwischen imposanten Industriedenkmälern, Birkenwäldchen, Wohngebieten und Ausfallstraßen ist ein höchst agiler Ort entstanden. PACT wirkt so lebhaft verbunden mit unserer widersprüchlichen,

PACT wirkt so lebhaft verbunden mit unserer widersprüchlichen, komplexen Lebenswelt wie nur wenige Kulturinstitutionen.

komplexen Lebenswelt wie nur wenige Kulturinstitutionen in Deutschland – in seiner Programmatik stets davon ausgehend, dass Kunst und Politik keine feststehenden und voneinander getrennten Wirklichkeiten sind, sondern vielmehr zwei gesellschaftliche Bereiche, die mannigfaltige Beziehungen zueinander unterhalten, welche (auch hier) immer wieder neu reflektiert und ausgehandelt werden.[1]

WAHRNEHMUNGSGRENZEN

Gewissheiten interessieren Stefan Hilterhaus wenig, Grenzgänge sehr. „Mir war immer wichtig, dass der Ort nicht primär Einzelpositionen abbildet, sondern ein Begegnungsraum ist, eine Schnittstelle. Von Anfang an sollte PACT ein Ort sein, an dem anderes Wissen zirkuliert." Insgesamt habe er jedes Jahr versucht, die Wagnisse „noch ein bisschen zu strapazieren, immer einen Schritt weiterzugehen und genauso wie die Kunst selbst zu versuchen, sich immer an den eigenen Grenzen zu bewegen, diese zu verschieben."

So sind auch die Künstler:innen, die hier regelmäßig arbeiten, Grenzgänger:innen. Was sie verbindet, ist ihr Streben nach Erkenntnissen und Erfahrungen, die allein situativ und kollektiv geborgen werden können. Dabei entleihen sie anderen Disziplinen Methoden und Strategien der Darstellung wie der Analyse, entfremden diese Strategien und versetzen sie in andere Kontexte. Ästhetik und Produktionsweise sind eng verknüpft: Die künstlerische Praxis umfasst auch die fortlaufende Selbstbefragung und die mit ihr einhergehenden Wendungen und Transformationen, um andere Perspektiven auf Bekanntes zu eröffnen und Spiel- und Denkräume zu erweitern, aber auch Momente der Störung zu schaffen, der Öffnung und Verletzlichkeit.

Die Arbeit von Stefan Hilterhaus und seinem Team ist gekennzeichnet von einem tiefen Vertrauen in das subversive Potenzial dieser künstlerischen Prozesse. „Das Theater fokussiert sich stets darauf, was nachher auf der Bühne steht", so Hilterhaus. „Welchen Wert Künstler:innen in unserer Gesellschaft haben, bildet sich ausschließlich in dem ab, was sie abbilden. Dabei erfordert der künstlerische Prozess enorme Fähigkeiten, er ruft ganz andere Denkstrukturen und Wissensformen auf. Der Weg zum künstlerischen Produkt ist voller Simultaneitäten und Widersprüche, er bringt die Notwendigkeit mit sich, sich stets neu zu orientieren. Diese besonderen Fertigkeiten und Praxen werden gesellschaftlich kaum honoriert. Wir widmen uns ihnen die ganze Zeit."

Und es ist die Sensibilität der Kunst, die es ermöglicht, sich diesen Kontexten zu nähern, ohne ein vollständiges Bild anzustreben, alles abbilden zu müssen.

Im Haus werden diese künstlerischen Prozesse systematisch mit anderen Positionen und Professionen kontextualisiert. Kontexte, die in den letzten Jahren immer weiter geworden sind: Künstlerische Praxen werden verbunden mit Stadtforschung[2] und Trauerarbeit,[3] mit Mikrobiologie[4] und Aktivismus,[5] mit Diskussionen zu Geburtenkontrolle, Wetware-Computing und Ökonomie.[6] Und es ist die Sensibilität der Kunst, die es ermöglicht, sich diesen Kontexten zu nähern, ohne – wie die Wissenschaft – ein vollständiges Bild anzustreben, alles abbilden zu müssen.

UMWEGE – SPIEL

Denn neben (oder mit) dem umfangreichen Kerngeschäft des Produktionshauses mit Residenzen, Uraufführungen, Festivals und Gastspielen werden unterschiedliche Formate erprobt (und etabliert), die Menschen und Expertisen, Diskurse und Praxen in Dialog setzen. Wie beispielsweise das 2004 etablierte transdisziplinäre Symposium IMPACT, bei dem sich internationale Künstler:innen mit Praktiker:innen, Theoretiker:innen und fortgeschrittenen Studierenden über ihre jeweils eigene Praxis austauschen. Oder wie die vielfältigen Kooperationsprojekte mit nationalen und internationalen Hochschulen. So brachte Feldstärke International in mehreren Ausgaben Studierende von 30 Hochschulen aus NRW mit Partnerinstitutionen u. a. aus Kyoto, Los Angeles, Marseille und Istanbul in Kontakt und stiftete sie zu gemeinsamen Projekten an. Gleichzeitig initiieren diese Formate die Reflexion von Bedingungen und Möglichkeiten künstlerischer Ausbildung.

All diese Formate arbeiten transdisziplinär, im Zentrum steht das Teilen der eigenen Praxis. „Mich interessiert immer das Entwickeln von Ermächtigungspraxen, von widerständigen Praxen", so Hilterhaus. „Wir suchen nach anwendbaren, formulierbaren Beispielen, die die Teilnehmenden in ihre eigenen Kontexte übertragen können. Indem jemand meinen Blick auf etwas lenkt, kann sie oder er etwas für mich freilegen. Diese Übertragungsformen interessieren mich." Den Teilnehmenden werden die Infrastruktur des Hauses, Zeit und Ressourcen zur Verfügung gestellt, um Selbstermächtigungsprozesse zu ermöglichen – eine Eigendynamik, die die Veranstaltungen stets zuverlässig gewinnen: Gruppen finden sich. Sprachen, Interessen, Fragen werden sortiert, Engagement freigesetzt. Kontakte, die hier entstehen, bleiben häufig über Jahre bestehen.

SPEKULATIVE PRAXEN

Hier, an der Schwelle, löst die Auseinandersetzung mit anderen Praxen die Unhintergehbarkeit der eigenen Praxis auf. Im Dialog, oder besser: Polylog, verschiedener Denk- und Wissenssysteme werden Regeln und vermeintliche Gewissheiten temporär aus-, wird die gegenseitige Reflexion eingesetzt. Denn mit seiner eigensinnigen Programmatik hat sich PACT der Erkenntnis verschrieben, dass der komplexen Verfasstheit der Welt weniger mit einer weiteren Ausdifferenzierung von Expertisen beizukommen ist als mit dem Aufsuchen von Verbindungen und Verknüpfungen von Phänomenen, Erkenntnisweisen, Wissensständen und, immer wieder: Praxen. Das Sprechen und Handeln zwischen Selbstverständlichkeiten setzt Routinen aus und eröffnet so (Ver)Handlungsspielräume, es führt zu Momenten der Sprachlosigkeit ebenso wie zu produktiven Missverständnissen.[7] Expertisen werden in Bewegung versetzt, eine Bewegung, die ständig neue Bezugnahmen auf die Umgebung einfordert: „Movement is a relation."[8] Oder anders, ganz praktisch formuliert, eröffnet der transdisziplinäre Zugriff andere Fragestellungen und Gehweisen: So kann es auch gehen! (Und so. Und so. Und so.)

Expertisen werden in Bewegung versetzt, eine Bewegung, die ständig neue Bezugnahmen auf die Umgebung einfordert: Oder ganz praktisch formuliert, eröffnet der transdisziplinäre Zugriff andere Fragestellungen und Gehweisen: So kann es auch gehen! (Und so. Und so. Und so.)

Nach 20 Jahren ist das internationale und disziplinübergreifende Netzwerk eng geknüpft. So fungiert PACT beispielsweise als Gastgeber der Sozialraumkonferenz im Essener Stadtbezirk VI – Zollverein, bei der Vertreter:innen aus Bildung, Sozialarbeit, Polizei und Kirche zusammenkommen. Aus dieser Initiative ging unter anderem die Gründung der WerkStadt hervor, die in einem ehemaligen Ladengeschäft unweit der Zeche Akteur:innen aus der Nachbarschaft und Künstler:innen Raum bietet, für naheliegende Wünsche (wie Bastelnachmittage, gemeinsames Kochen, Fahrradreparatur) und ungewohnte Zusammenkünfte. So kann man an einem milden Sommerabend auf dem Parkplatz vor der WerkStadt PACT-Resident:innen, Familien und Feierabendbiertrinkende antreffen, die gemeinsam Kurzfilme schauen, Popcorn essen und Neuigkeiten austauschen.

KOLLABORATION – GESPENSTER

Zudem ist PACT u. a. seit 2014 Mitglied des Bündnisses internationaler Produktionshäuser, einem Zusammenschluss von sieben Produktionshäusern in Deutschland, zu dem auch Kampnagel Hamburg, HELLERAU – Europäisches Zentrum der Künste Dresden, tanzhaus nrw Düsseldorf, FFT Düsseldorf, Künstlerhaus Mousonturm Frankfurt am Main und HAU Hebbel am Ufer Berlin gehören. Gemeinsam initiieren sie seither zahlreiche Projekte und tauschen bestehendes Wissen aus. Auch bei dem internationalen Austausch- und Nachwuchsförderprogramm [DNA] Departures and Arrivals, in dem sich 13 europäische Institutionen aus dem Feld des zeitgenössischen Tanzes engagierten, wirkte PACT mit.

Die dreiteilige Buchreihe „Radical Proximity" überträgt diese Praxen des Versammelns und des Austauschs, der Assoziation und der Neugier in den Raum der Schrift. In drei Bänden kommen langjährige Weggefährt:innen und inspirierende Impulsgeber:innen zu Wort. In Essays und Interviews praktizieren sie gemeinsames Denken, gehen auf Reise im Gespräch: „I can travel in a conversation", wie die Choreografin Meg Stuart es auf den Punkt brachte. Der erste Band widmet sich Fragen von Handlungsspielräumen und Ermächtigungen: Wie ist es gegenwärtig um unser In-der-Welt-Sein bestellt? Die Philosophin und Feministin Prof. Dr. Rosi Braidotti diskutiert scheinbar widersprüchliche Tendenzen der Gegenwart, wie technologischen Fortschritt und Artensterben, anhand des Begriffes ‚Mensch' und skizziert, ins Posthumane aufbrechend, eine affirmative Ethik. Die Wissenschaftstheoretikerin Prof. Dr. Gabriele Gramelsberger erforscht die Akteurialität von Computern und sucht Schwellenräume zwischen Mensch und Maschine, zwischen KI und Intellekt auf. Wie verändert die Handlungsmacht der Maschinen unser

Subjektverständnis? Der Autor und Regisseur Tim Etchells gewährt in einem ausführlichen Interview präzise Einblicke in die künstlerische Arbeit der britischen Performancegruppe Forced Entertainment, in gemeinsame Entscheidungsprozesse und die Detailarbeit akribisch gebauter Dramaturgie. Die Afrofuturistin, Aktivistin und Kuratorin Ingrid LaFleur erzählt von Momenten, in denen ihre eigene Zukunft sich tiefgreifend verändert hat, und von der Kraft, die im Eröffnen spekulativer Räume liegt. Zudem ist für jeden Band eine Künstlerin oder ein Künstler eingeladen, eine Bildstrecke frei zu gestalten. In ihrem künstlerischen Beitrag beschäftigt sich die Künstlerin, Autorin und Forscherin Dr. Luiza Prado De O. Martins kritisch mit dem rassistischen Konzept der ‚Überbevölkerung' und mit kolonialen Praxen der Kontrolle von Fruchtbarkeit und Reproduktion. Ein Glossar greift darüber hinaus zentrale Begriffe auf und lädt zum Querlesen ein – auch über alle drei Bände hinweg.

Als Leser:innen dürfen Sie tun, was stets das Privileg von PACT-Besucher:innen ist: Verknüpfungen zwischen Heterogenem aufsuchen, sich inspirieren lassen zu assoziativen Übersprüngen, neue Begriffe und Beschreibungsformen finden für unsere geteilte Gegenwart. Genießen Sie die Kratzer! „Ich überfliege, ich überspringe, ich sehe von der Lektüre auf, ich versenke mich wieder in sie."[9] So, als streiften Sie durch die lichten, weiten Räume der Waschkaue, als erhaschten Sie hier einen Blick auf eine Probe und dort in ein Büro, als wohnten Sie wenige Meter weiter einem Vortrag bei oder einem Gespräch auf einem der Sofas im Foyer, während das Abendlicht sich auf die Zeche senkt und die letzten Flaneur:innen das Gelände verlassen.

Esther Boldt

1 Vgl. Jacques Rancière, *Die Aufteilung des Sinnlichen. Die Politik der Kunst und ihre Paradoxien* (Berlin: b_books Verlag, 2008).

2 *Explorationen 2009 – 3. Symposium für Lernaktivisten* im Rahmen von Tanzplan Essen 2010, PACT Zollverein, 24.–28.06.2009.

3 *Solid Skills,* Ausstellung, WerkStadt, PACT Zollverein, 04.05.–30.06.2019.

4 *IMPACT20 – Planetary Alliances. Outlines for polyphonic communities.* Online Symposium, PACT Zollverein, 13.–15.11.2020.

5 U. a. *IMPACT19 – Weaving Traces. Ein transdisziplinäres Symposium.* PACT Zollverein, 30.10.–03.11.2019.

6 Alles *Blue Skies. Bodies in Trouble / Körper in Aufruhr.* Festival. PACT Zollverein, Medienwerk NRW, 10.–14.07.2019.

7 Vgl. Esther Boldt, „kriechen/ hangeln/ fallen," in *Dramaturgie. Jubiläumszeitschrift der Dramaturgischen Gesellschaft* (Berlin 2016), 56–67.

8 Bojana Kunst, „Working Out Contemporaneity. Dance and Post-Fordism," in *Dance, Politics and Co-Immunity,* Hg. Gerald Siegmund und Stefan Hölscher (Zürich / Berlin: Diaphanes Verlag, 2013), 59–70, hier: 60.

9 Roland Barthes, *Die Lust am Text* (Frankfurt am Main: Suhrkamp Verlag, 1974), 19.

Planetarische affirmative Allianzen

ROSI BRAIDOTTI

Der Essay entstand in Anlehnung an
Prof. Dr. Rosi Braidottis Vortrag „Posthuman Critical Thought"
im Rahmen des Symposiums
IMPACT 2020 – Planetary Alliances.
Outlines for Polyphonic Communities.

Denken – die unvermeidlichste, lebensnotwendigste, ästhetischste, erotischste und schwierigste aller Tätigkeiten. Denken, ebenso wie atmen, ist das, was wir Menschen tun, auch wenn vielen unserer Art das Atmen oft schwerfällt, über alle Kulturen hinweg – sei es aufgrund von Angst, Unterdrückung oder Luftverschmutzung. Den Versuch, die Schwierigkeiten und Herausforderungen unserer Zeit gemeinsam zu durchdenken, unternimmt auch das Symposium von PACT Zollverein. Es war eine ausgesprochene Freude, mit dem interdisziplinären Team zusammenzuarbeiten. Es praktiziert kritisches, ideenreiches und affirmatives Denken, als Navigationsinstrument und als Weg, die Gegenwart zu bewältigen und sich der Komplexität unserer Zeit als würdig zu erweisen.

Willkommen zur posthumanen Konvergenz! Wo technologischer Fortschritt und ökologische Zerstörung zusammentreffen und ineinander übergehen. Wo ein enormes Ungleichgewicht in Sachen Gesundheit, Wohlstand und Zugangschancen Hand in Hand geht mit einem ungeheuren Enthusiasmus über grandiose technologische Fortschritte und neu erreichte Entwicklungsniveaus. Im Kontext des fortgeschrittenen oder kognitiven Kapitalismus wird die posthumane Wende als das Zusammenkommen von Posthumanismus und Postanthropozentrismus definiert. Obgleich sich diese zwei Richtungen kritischen Denkens häufig überschneiden, unterscheiden sie sich sowohl in Hinblick auf ihre theoretischen Ursprünge als auch auf ihre praktische Anwendung. Die Kritik am Humanismus zielt auf den ‚vernünftigen Menschen' [‚Man of Reason'] als den universalistischen, patriarchalischen, kolonialistischen und eurozentrischen Standard oder das ‚Maß aller Dinge' ab. Demgegenüber richtet sich die Kritik am Anthropozentrismus als Paradigma von der Einzigartigkeit des Menschen gegen Speziesismus und Ökozid.

Zudem wird die Prämisse herausgestellt, alle naturalisierten Entitäten und Spezies seien ausbeutbar, frei verfügbar und nach Belieben verwertbar, sowie auf die Tatsache hingewiesen, dass ganze Teile der Menschheit deklassiert und herabgewürdigt, entmenschlicht und wie Menschen zweiter Klasse behandelt werden.

MENSCHSEIN

Das Bild des ‚vitruvianischen Menschen' bringt den klassischen europäischen Humanismus, wie er in der Renaissance definiert worden ist, auf den Punkt. Es ist ein eurozentrisches Modell geistiger und körperlicher Vollendung, dargestellt in einem makellosen männlichen Körper, gnadenlos schön, hundertprozentig *weiß*. Über seine Sexualität ist nicht viel bekannt, auch wenn Freud eine interessante These zur sexuellen Orientierung Leonardo da Vincis durch eine Analyse ebendieser Zeichnung lieferte. Wie allgemeingültig, wie universal kann diese Darstellung jedoch sein? Sie zeigt eine sehr engstirnige, patriarchalische, kolonialistische, eurozentrische Sicht darauf, was das Universale ist und was der Mensch ist. Angeblich soll sie alle Menschen repräsentieren, aber ganz sicher ist das nicht der Fall. Es handelt sich vielmehr um eine hartnäckige zivilisatorische Wunschvorstellung, die der ‚Bürde des *weißen* Mannes' als Legitimierung diente. Und bevor Sie dieses klassische Renaissance-Ideal verwerfen als etwas, das längst passé ist, möchte ich daran erinnern, dass die NASA den ‚vitruvianischen Menschen' bei ihrer Erforschung des Alls als Emblem verwendet. Ebendieses Motiv schmückt das Abzeichen, das alle Astronauten auf ihren Reisen durch den Weltraum tragen. Es ist auf der Fahne zu sehen, die auf dem Mond flattert. Es ist bereits über unsere planetaren Dimensionen hinausgegangen – und wird zweifelsohne überdauern.

Dieses Bild oder diese Darstellung des Menschen definiert sich sowohl durch das, was sie als Teil seines Selbstbildes kenntlich macht, als auch durch das, was nicht dargestellt wird. Nicht dargestellt sind die abgewerteten, für untauglich erklärten ‚Anderen': sexualisierte Menschen (Frauen oder Personen, die sich als LGBTQIA+definieren), rassifizierte Menschen (Schwarze, Indigene, dekoloniale Personengruppen) und naturalisierte sonstige Lebewesen (Tiere und andere auf der Erde beheimatete Lebensformen). Die Bezeichnung ‚Mensch' ist keineswegs neutral, sondern sie impliziert bestimmte Machtbefugnisse, den Zugang zu Werten und Normen, zu Privilegien und Ansprüchen, zu bestimmten Rechten und einer Form von Sichtbarkeit.

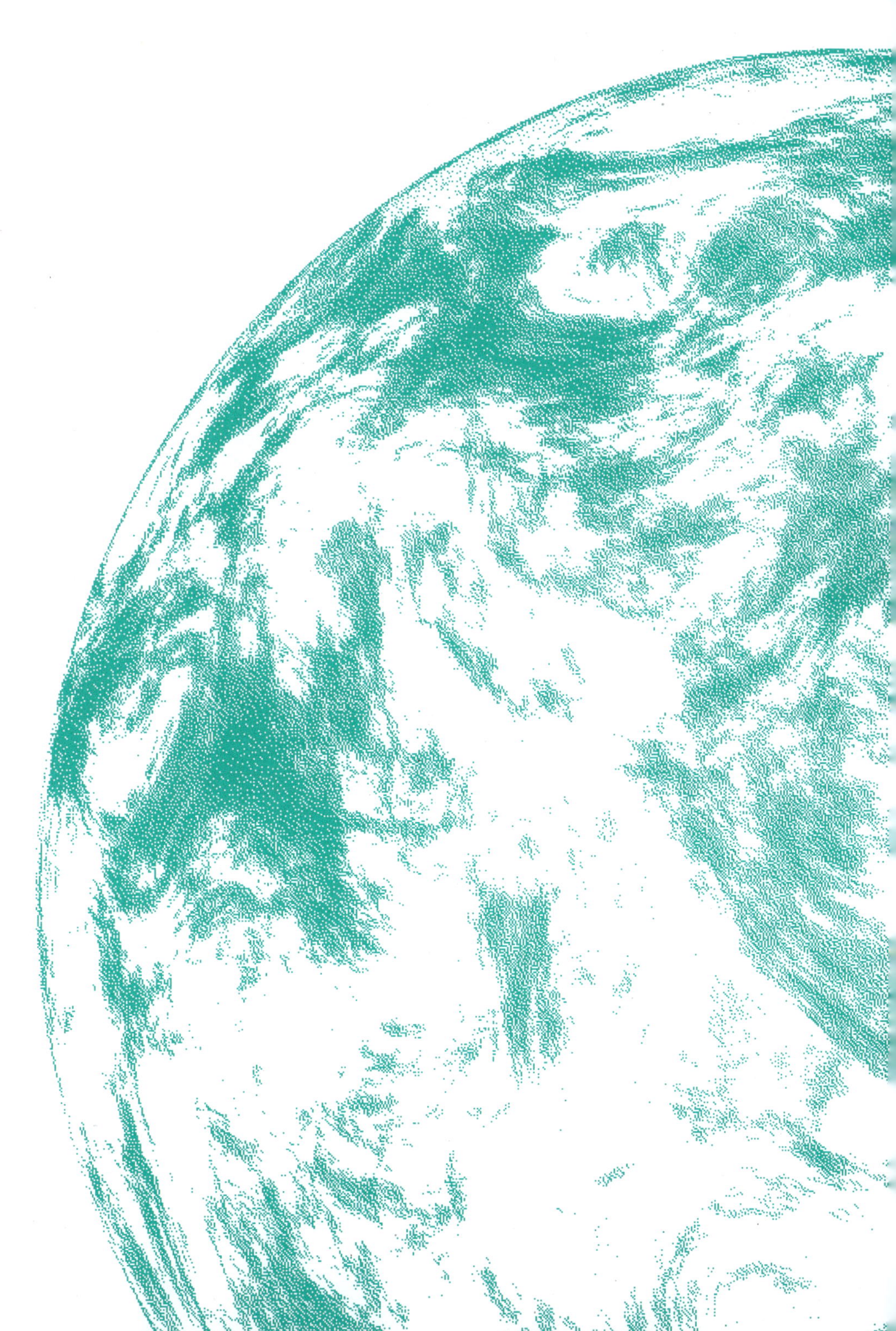

Wir sind gefordert, ernsthaft über die unterschiedlichen Dimensionen und Abstufungen unseres Menschseins nachzudenken, über das, was wir als Angehörige des menschlichen Geschlechts gemeinsam haben, aber auch über die gigantischen Unterschiede, die uns trennen. Ich denke, eine Analyse dieser Unterschiede erfordert auch eine Kritik des zivilisatorischen Modells, des ‚Vernunftwesens' Mensch, das stark standardisiert ist. Die Konzeption dieses universalen, humanistischen Ideals bringt einen Prozess des ‚Othering' mit sich, der Abgrenzung von anderen, bei dem das ‚anders sein als' einem ‚weniger wert sein als' (das vorherrschende Bild vom Menschen) gleichkommt. Folglich müssen wir Vorsicht walten lassen und überdenken, was wir mit dem Wort ‚Mensch' meinen, wenn wir etwa sagen: „Wir Menschen sind alle gemeinsam von dieser Situation – der Konvergenz, der Pandemie oder der Krise – betroffen." Oder wenn wir ausrufen: „Wir Menschen leben alle in demselben technologischen Universum." Stimmt das wirklich? Wir mögen zwar allesamt Menschen sein, aber für manche von uns ist die existenzielle Bedrohung weitaus größer als für andere. Wir mögen zwar alle im gleichen Boot sitzen, aber wir sind ganz gewiss nicht alle ‚gleich'. Wie gehen wir mit der Notwendigkeit um, verbindende Elemente zu finden, ohne diese unterschiedlichen Machtverhältnisse zu negieren?

SICHTBARKEIT

Und es ist noch anspruchsvoller, über den Anthropozentrismus hinauszudenken, denn wir sind es nicht gewohnt, uns als eine Spezies unter anderen zu begreifen. Das heißt nicht, das eigene Denken gegen das Menschsein zu richten, sondern vielmehr über die Parameter unseres kollektiven Egotismus hinauszugelangen. Das Gefühl der Überlegenheit unserer Spezies, die Idee, dass Menschen auf irgendeine Art besonders seien, ist Teil der Grenzziehung zwischen Natur und Kultur, zwischen Geist und Körper: Aufspaltungen, die so maßgeblich für das westliche Denken, für die westliche Kultur, für westliche Philosophien sind.

AUFSPALTUNGEN

Unsere Sicht auf die Welt ist geprägt vom dualistischen Denken. Die meisten anderen Kulturen der Erde denken nicht in diesen dichotomen, gegensätzlichen Kategorien. Indigene Erkenntnistheorien, dekoloniale Perspektiven, Schwarze und nicht-westliche Philosophien lehren uns viel über das Mensch-Tier-Kontinuum, über das Natur-Kultur-Kontinuum, über die Verbindungen zwischen Spezies und Dimensionen. Oft wird dieses Denken als ‚holistisches', ‚unscharfes', irrationales Denken abgetan. Zu Zeiten des Kolonialismus wurde die Annahme, dass alles Lebende logisch und ontologisch miteinander verbunden sei und nur durch Kollaboration überleben

> könne, als primitiver Animismus kritisiert. Wir werden nicht dazu angeregt, im Sinne solcher Kontinuen zu denken, und selbst die Genetik stimmt ein Loblied auf die individualistische und tendenziöse Vorstellung ‚egoistischer Gene' an – gegen die Feminist:innen mit einem kooperativen Modell der wechselseitigen Abhängigkeit Stellung beziehen.

Die ökologische Zerstörung, die wir heute bezeugen, ist das Ergebnis dieses raffgierigen Individualismus, seiner Extraktionswirtschaft und seines ostentativen Konsumverhaltens, der Ausbeutung durch den Kolonialismus sowie der widerrechtlichen Aneignung natürlicher und menschlicher Ressourcen im europäischen Projekt der Moderne und des Imperialismus. Auch nichtmenschliche Lebewesen und Elemente litten unter den Eroberungen durch die Kolonialmächte. Und erinnern wir uns nicht zuletzt daran, welche Rolle Epidemien bei den kolonialen Feldzügen, etwa in Südamerika oder Australien, spielten. Im Kontext des Klimawandels und der aktuellen Pandemie müssen wir über anhaltende Formen des Umweltrassismus nachdenken, darüber, dass größtenteils die Industriestaaten für den Ausstoß von Kohlendioxid und die Produktion von Müll verantwortlich sind, während sich ärmere Nationen überproportional stärker umweltbedingten und sozialen Risiken ausgesetzt sehen. Es ist jedoch nicht einfach, menschliches und nichtmenschliches Wohl zugleich im Blick zu haben, und auch die kritische Theorie führt nicht zwangsläufig in diese Richtung. Es ist das zentrale Anliegen der posthumanen Konvergenz, uns zu ermutigen, die Komplexität dieser sich überschneidenden Anliegen anzusprechen. Diese Konvergenz lässt sich auch in soziologischen Begriffen beschreiben. Wir sind gefangen zwischen der vierten industriellen Revolution mit ihren hochentwickelten Technologien und ihrer Genetik, den Neurowissenschaften und Nanotechnologien auf der einen Seite und dem auch als Anthropozän bekannten sechsten großen Aussterben auf der anderen. Wir sind gefangen zwischen zwei vollkommen gegensätzlichen Tendenzen, die jedoch gleichzeitig in Erscheinung treten. Es ist nicht so, als würden wir die vierte industrielle Revolution an einem Dienstag und das sechste große Aussterben am Mittwochnachmittag erleben. Sie ereignen sich zur gleichen Zeit. Ich möchte das konvergente Verhältnis der beiden Phänomene betonen, die Tatsache, dass sie nicht getrennt voneinander zu betrachten sind. Wir dürfen die neuen kritischen Forschungen, die sich häufig entweder auf Varianten des Posthumanismus oder auf eine der postanthropozentrischen Perspektiven konzentrieren, nicht getrennt voneinander betrachten. So neigt die wissenschaftliche Forschung um das Anthropozän dazu, den Blick ausschließlich auf die Umwelt zu richten, während sich künstliche

Intelligenz und Robotik mit dem Digitalen befassen. Wie aber steht es um die Verbindungen zwischen den zwei Disziplinen? Und warum werden feministische, ethnische, indigene und dekoloniale Theorien im Diskurs zwischen diesen Disziplinen in so vielen Fällen ignoriert? Wenn wir die Komplexität und die Querverbindungen nicht beachten, laufen wir Gefahr, althergebrachte, auf Ausgrenzung und Hierarchie basierende Muster immer weiter zu perpetuieren, sogar in akademischen und kulturellen Praktiken. Vielleicht ist es an der Zeit, das Unmögliche zu tun und gegensätzliche Ideen parallel zu durchdenken. Strengen wir unsere Köpfe ein wenig an und üben uns darin, einen Gedanken und zugleich sein Gegenteil zu formulieren. Und noch einmal: Das ist nichts, was wir in der Schule lernen. Dort bringt man uns bei, linear, der Reihe nach zu denken. Meiner Ansicht nach zwingt uns die historische Realität der posthumanen Konvergenz, unser Denken zu ändern und uns, statt in Kategorien des „entweder ... oder" zu verharren, für das affirmative „sowohl ... als auch" zu entscheiden.

AUSSER DER REIHE – UMWEGE

Den Ausdruck „der Zeit würdig sein" entleihe ich Friedrich Nietzsche, wiedergelesen mit meinem Lieblingsphilosophen Gilles Deleuze. Bei dieser Maxime geht es nicht um passive Akzeptanz, sondern vielmehr darum, den Komplexitäten der Zeit aktiv zu begegnen. Sie ermutigt uns, uns der Lage gewachsen zu zeigen, der Konfrontation nicht auszuweichen, sondern das Bedürfnis zur aktiven Auseinandersetzung zu entwickeln, was natürlich starke Affekte aufruft. Die posthumane Konvergenz zeichnet sich durch eine emotionale Ökonomie aus, die zwischen Begeisterung und Angst, zwischen großen Erwartungen und finsteren Vorahnungen alterniert, proportional zu der Größe der Probleme, mit denen wir uns konfrontiert sehen. Und dennoch – sich ihnen zu stellen, ohne in Depression zu verfallen oder nihilistisch zu werden und aufzugeben, ist ein Weg, sich ihrer würdig zu erweisen. Eine Möglichkeit der aktiven Auseinandersetzung ist der Versuch, unterschiedliche Wege zu entwerfen, posthuman zu werden, wohl wissend, dass der Begriff ‚Mensch' nicht neutral ist und viele von uns von einer ‚weniger-als-menschlichen' Position aus starten, von einer, die nicht mit der dominierenden Subjektposition übereinstimmt. Welche Form könnte eine posthumane Transformation also annehmen, wenn sie von Individuen bestimmt wird, die dem vitruvianischen humanistischen Universalanspruch zufolge nie als vollständig menschlich galten? Dazu kommt, dass viele Lebewesen nicht menschlich sind, mit denen wir die Erde teilen. Und dennoch teilen wir alle das gleiche Los.

Wenn wir über die Gegenwart nachdenken, mag ihr Gewicht, mag die Last ihrer Widersprüche überwältigend wirken. Aber die Gegenwart ist kein unverrückbarer Fels, kein unüberwindbarer Berg an Problemen. Wir sollten sie vielmehr als Zeitkontinuum verstehen, das in viele Richtungen verläuft. Mit Blick auf das posthumane Werden ist die Gegenwart beides: Sie ist Zeugnis dessen, was wir aufhören zu sein, was wir nicht länger sind. Wir sind nicht mehr der ‚vernünftige Mensch' [‚Man of Reason'], hoffe ich, sondern eine Vielzahl diverser und heterogener Subjektpositionen. Die Gegenwart ist aber auch die Keimzelle dessen, was wir im Begriff sind zu werden, der prozesshaften Entwicklung unserer selbst, die wir erreichen können, wollen und werden. Die Gegenwart blickt in beide Richtungen zugleich. Und es sind ebendiese Prozesse, diese nichtlinearen oder rhizomatischen Bewegungen, die hier entscheidend sind.

KOLLABORATION

Wir müssen uns uns selbst als empirische, historische Gebilde vorstellen, in einem bestimmten zeitlichen Moment lebend, materiell in einem Körper verankert, und doch in Bewegung, im Prozess des Werdens begriffen. ‚Nomadisch' ist der von Édouard Glissant und Gilles Deleuze entlehnte Begriff, den ich hierfür verwende. Er nimmt sowohl auf das Menschliche als auch auf das Nichtmenschliche Bezug, bezeichnet in jedem Fall aber Komplexität, da wir komplexe Gefüge sind. Ein Subjekt zu sein, bedeutet, teils ökologisch, teils technologisch zu sein – jedes Lebewesen ist der Umwelt wie auch der Gesellschaft verhaftet, und was für mich noch wichtiger ist: Wir alle sind relational, miteinander verbunden und voneinander abhängig. Subjekte sind heterogene Konstellationen. Wir haben es nicht mit der unverrückbaren Gewissheit des kartesischen „cogito, ergo sum" zu tun, sondern mit dem dezentralen Modell eines relationalen Subjekts, das mit einer Vielzahl von Quellen verbunden ist. Das Posthumane in Form eines posthumanistischen und postanthropozentrischen Subjekts ist komplex, verkörpert und eingebettet, uneinheitlich, relational, affektiv, nomadisch, kollaborativ. Offen und relational zu sein heißt, von einer Vielzahl anderer abhängig zu sein. Und diese Vielzahl anderer umfasst auch Lebensformen nichtmenschlicher Art. Wenn wir planetarische Allianzen schließen wollen, werden diese beides sein, im Materiellen verankert und unterschiedlich zugleich.

Ich möchte eine Vielzahl von Arten anregen, global Gemeinschaften aufzubauen. Was uns alle verbindet – menschliche und nichtmenschliche Lebewesen –, ist unsere lebensbejahende Kraft. Es ist die Idee der affirmativen Ethik, die uns unserer Zeit würdig werden lässt; sie befähigt uns, unter den Bedingungen der posthumanen Konvergenz zu leben, um etwas zu bewirken. Dies ist eine Möglichkeit, den Schmerz, die Wunden und die Schwierigkeiten zu verarbeiten und die Lage gemeinsam zu bewältigen. Die COVID-19-Pandemie steht nahezu exemplarisch für diese Notwendigkeit. Es geht nicht nur darum standzuhalten: Wir müssen zudem eine Richtung einschlagen, in der wir alle unsere eigene Variante des Posthumanen verwirklichen können, während wir unsere Unterschiedlichkeit anerkennen. Ja, wir sitzen alle in einem Boot, aber wir unterscheiden uns voneinander, und diese Verschiedenheit zählt, sie kann die Differenz zwischen Leben und Tod ausmachen. Wir müssen die im Materiellen verankerte Heterogenität der Grundlagen unseres Menschseins anerkennen und gemeinsam weiter voranschreiten. Ich glaube fest daran, dass wir dazu fähig sind, und ich betrachte unsere Auseinandersetzung heute Abend als Übung, Allianzen zu schmieden in Bezug auf diese heterogene, weit verstreute und doch vereinte Materie, wobei die affirmative Ethik eine Praxis der Konstruktion langfristig angelegter Verbindungen ist.

Denken ist ein Weg, sich mit der Welt zu verbinden. Denken bedeutet, die Welt aufzunehmen und sie auf sich zu nehmen, und sie aufzunehmen und auf sich zu nehmen, bedeutet ihren Schmerz aufzunehmen und auf sich zu nehmen, ihre Sorgen und ihre Probleme. Gemeinsam.

Maschinen-Rationalität und anthropomorphe Sehnsucht

GABRIELE GRAMELSBERGER

Wie verändert die Computerisierung unseres Alltags, wie verändert Künstliche Intelligenz unser Leben? Was passiert, wenn Künstliche Intelligenz zur Akteurin wird? Ein Interview mit der Philosophin und Wissenschaftstheoretikerin Prof. Dr. Gabriele Gramelsberger über Grenzverläufe zwischen Geist und Körper, Mensch und Maschine.

Sie arbeiten als Wissenschaftsphilosophin und haben eine Professur für Wissenschaftstheorie und Technikphilosophie inne. Sie forschen also über Forschung und sitzen damit immer schon zwischen den Stühlen oder an einer Schwelle. Wie sind Sie, auch biografisch, dort gelandet? Was interessiert Sie daran?

Ich habe Philosophie mit Schwerpunkt Wissenschaftsphilosophie studiert, weil mich die Entwicklung des Computers schon immer interessiert hat. Ich komme ursprünglich aus dem Verlagsbereich und habe gesehen, wie dort Mitte der 1990er Jahre das Desktop-Publishing eine ganze Branche verändert hat. Ich wollte diese kleine graue Kiste verstehen. Dennoch habe ich nicht Informatik studiert, sondern Philosophie. In Augsburg hatte ich das Glück, bei Professor Klaus Mainzer zu landen – einem der Wenigen, die sich mit der Philosophie des Computers auseinandersetzten. Da der Computer vor allem in der Wissenschaft als neues Erkenntnisinstrument verwendet wird – für Computersimulationen und heute in Form von Künstlicher Intelligenz (KI) –, wurde ich Wissenschaftsphilosophin.

Sie untersuchen Ihrerseits solche Schwellen- oder Grenzräume, den Raum zwischen Mensch und Maschine beispielsweise, zwischen KI und Intellekt, Algorithmus und Emotion, Körper und Technik. Im Rahmen des Festivals „Blue Skies" 2019 bei PACT sprachen Sie von einem „Kollaps der Grenze zwischen uns und der Technologie". Können Sie hierfür Beispiele geben?

Die klassische Philosophie hat immer zwischen Geist und Körper unterschieden. Das Faszinierende am Computer aber ist, dass er diese Trennung – in technisch-logischer Weise – überschreitet. Mich als Philosophin interessiert sehr, was bei dieser Überschreitung und bei diesen Überschreitungsfunktionen passiert. Dass er etwas Geistiges – Schrift, Computercode, Logik – in ausführbare Handlungen übersetzt, hat mit der Natur des Computers zu tun. Dieses Übersetzen einer geistigen Operation in Handlung ist etwas Neues, es hat diese Überschreitungsfunktion zur Folge.

Wer ist da der oder die Handelnde?

Im Grunde der Computer, der gemäß seiner Handlungsanweisung handelt. Wobei derjenige, der das Programm geschrieben hat, die Handlungsanweisung vorgibt. Deswegen stellt der Computer auch hier eine Grenzüberschreitung dar. Ihm wohnt eine gewisse Akteurialität inne, wie wir sagen, die über eine ‚dumme' Kaffeemaschine hinausgeht, die nur Kaffee kochen kann. Das ist ein interessantes Phänomen. Und wenn das Ganze heute miniaturisiert wird und Computerchips zum Beispiel mit Nervenzellen verbunden werden, dann wird auch die Grenze zwischen der Maschine und dem Körper überschritten. In der Neuroprothetik beispielsweise, aber auch mit winzig kleinen Einheiten, mit deren Hilfe man Untersuchungen im Körper durchführen kann. Vieles erinnert an Science-Fiction, ist aber im Labor tatsächlich Realität.

AKTEUR:INNEN

Was sehen Sie daran kritisch?

Kritisch ist eigentlich die ganze Sache. Der Computer hat eine gewisse Rationalität, die ich Maschinenrationalität nenne, und wir erleben eine weitgehende Unterordnung vieler menschlicher Bereiche unter diese Maschinenrationalität. Es ist faszinierend, wie es funktioniert, und dass es funktioniert. Ich untersuche das sehr genau. Aber die Folgen sind teilweise beängstigend. Es ist allerdings vor allem das Forschungsfeld der Ethiker:innen oder Medienwissenschaftler:innen. Mich interessiert primär die Maschinenrationalität selbst.

Wir erleben eine weitgehende Unterordnung vieler menschlicher Bereiche unter die Maschinenrationalität. Es ist faszinierend, wie es funktioniert, und dass es funktioniert.

Beim Lesen Ihrer Texte hat mich die große Bandbreite Ihrer Forschung fasziniert, die von Alltags- bis zu Labortechnologien reicht. Wie finden Sie Ihre Forschungsgegenstände?

Es muss immer irgendwie ‚Computer' drin sein. Meine Forschungsfrage ist, wie der Computer Wissenschaft und Lebenswelt verändert, aber auch die Kunst. Und weil der Computer so omnipräsent ist, kann man diese Frage natürlich mittlerweile überall stellen. Ich interessiere mich vor allem für neue Entwicklungen, und wenn ich beispielsweise auf das ‚Affective Computing' stoße, möchte ich wissen, was dort passiert. Das große Thema, das alle im Moment umtreibt, ist KI, also beschäftige ich mich damit. Und auch mit Biologie, genauer gesagt Synthetischer Biologie, denn diese rückt näher an die Informatik, an die Informatisierung heran.

‚Affective Computing' ist eine noch junge Technologie, die es Computern ermöglicht, menschliche Gefühle zu identifizieren, sie zu verarbeiten und auch zu simulieren. Häufig gibt es für das Neue, das Sie untersuchen, noch keine Begrifflichkeiten, um es zu analysieren oder allererst zu beschreiben. Wie entwickeln Sie Begriffe für dieses Neue, wie beispielsweise ‚Algorithm Awareness'?

‚Algorithm Awareness' drückt genau die Akteurialität aus, die in KI einprogrammiert ist: Algorithmen sind so programmiert, dass sie uns zunehmend aufmerksamer beobachten. Mit dieser Aufmerksamkeit, dieser Awareness müssen wir jetzt leben. Der Computer entscheidet, ob jemand einen Kredit bekommt oder eine Stelle, er definiert neue Entscheidungshoheiten, neue Kontexte. Um dieses Neue und auch seine Hybridität zu fassen, ist unsere Sprache schlecht ausgestattet, hierfür brauchen wir neue Begriffe.

SPRACHE

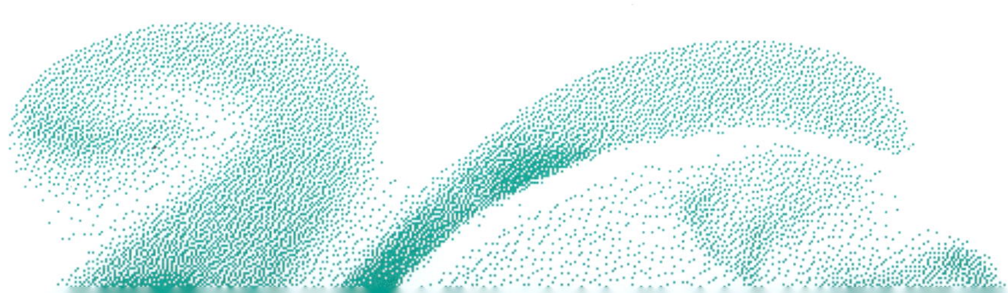

'Affective Computing' beispielsweise versteht den Computer als besseres, ausgelagertes Mittel der (Selbst-)Erkenntnis. Rosalind Picard, Gründerin und Leiterin der Affective Computing Group am MIT Media Lab, schrieb einmal, objektive Daten, die sich auf Emotionen bezögen, seien glaubwürdiger als mündliche Berichte. Hier wird wie so oft kenntlich, wie sehr unsere Rezeption, unser Verständnis immer noch davon ausgeht, dass Computer objektiv sind. Erst allmählich kommt im kollektiven Bewusstsein an, dass Computerprogramme auch menschliche Makel reproduzieren, wie zum Beispiel rassistische Vorurteile. Handelt es sich nicht vielmehr um ein Überlegenheitskonstrukt, um die Fantasie, dass die Maschine dem Menschen überlegen sei?

KÜNSTLICHE INTELLIGENZ

Natürlich. Technik wird eine Neutralität zugeschrieben, die sie nicht hat, wie wir es jetzt bei rassistischen Vorurteilen erleben. Eine gewisse Art von Neutralität ist durchaus verbaut, aber sie ist nicht vollkommen. Und damit kommen wir schlecht zurecht, weil so jahrhundertealte, tradierte Erfahrungen auf den Kopf gestellt werden. Wir kämpfen im Moment sehr damit, dass Objekten zunehmend Akteurialität übertragen, zugeschrieben wird, und KI wird dies noch verstärken. Wir sind es nicht gewohnt, dass uns eine Maschine Widerworte gibt, dass sie nicht tut, was wir ihr sagen, oder anders entscheidet, als wir es tun würden. Doch diese Szenarien liegen im Einzelfall alle schon vor. Man könnte sagen, die Maschine hat einen Fehler, aber es geht wie gesagt nicht mehr nur darum, auf einen Knopf zu drücken, damit da Kaffee herauskommt. Es geht um sehr viel komplexere Entscheidungen. Andererseits akzeptieren wir die Hoheit der Maschine wegen ihrer angeblichen Neutralität. Das Argument lautet, es sei besser, wenn ein Algorithmus entscheide, als ein:e schlechtgelaunte:r Sachbearbeiter:in. In dem Fall ist ein Algorithmus vielleicht etwas neutraler, aber das heißt nicht, dass er superneutral und fair ist. Ganz grundlegend verankerte, über viele Jahrhunderte tradierte kulturelle Erfahrungen werden gerade neu geschrieben. Aus philosophischer Sicht ist das sehr spannend, aus Alltagssicht aber sehr nervig. Es ist immer ein zweischneidiges Schwert.

Hier in Aachen arbeiten Sie an einer technischen Hochschule, Sie waren in der Vergangenheit aber unter anderem auch an der Kunsthochschule für Medien in Köln tätig und am Institut für Neue Medien in Frankfurt am Main. Wie kam es dazu?

Ich habe eine Doppel-Vita, ich habe schon immer viel mit Medienkunst-Theorie zu tun gehabt. Auch hier spielt der Computer eine Rolle und die Frage, wie er die Erfahrung von Kunst erweitern kann. Das hat mich interessiert.

Ich habe kürzlich an Sie denken müssen, als ich die Performance „Unheimliches Tal / Uncanny Valley" von Rimini Protokoll sah, wo anstelle des Schriftstellers Thomas Melle seine exakte Roboter-Kopie auf der Bühne sitzt. Die Ambivalenz dieser Maschine ist interessant, sie ahmt einen Menschen nach, und wir sind geneigt, uns darin wiederzuerkennen, zugleich ist ihr Gemacht-Sein aber die ganze Zeit sichtbar: Sie atmet nicht, bei jeder Bewegung sirrt die Maschinerie, solche Dinge. Nach der Vorstellung hörte ich, dass der Roboter wider Erwarten schneller altert als das Original, die komplexe Mechanik muss ständig nachjustiert und repariert werden. Vor dem Hintergrund Ihrer Forschung fand ich das sehr interessant, denn Sie sprachen in Ihrem Vortrag auch davon, dass selbst beeindruckende Hybride aus Chemie und IT wie der sogenannte 'Octobot', ein weicher, autonomer Roboter, dem organischen Körper in Sachen Energieressourcen und Regenerativität noch nachstehen.

Ja, es sind immer noch Maschinen. Ein organischer Körper hat eine wesentlich höhere Finesse. In der Industrialisierung und Mechanisierung wird der Erhalt der Funktionalität über das Auswechseln von Teilen erreicht, aber der Körper wirft nie etwas weg. Er baut sich ständig um, erneuert sich permanent, darin unterscheidet sich die Maschine klar vom Körper. Auch als Modell ist die Maschine eines Tages veraltet, es handelt sich also um eine doppelte Alterung: Sie veraltet *an sich,* im Vergleich zum Stand der Wissenschaft und der Dinge, und auf der anderen Seite altert diese spezifische Entität oder dieses spezifische Ding.

MENSCH

Aber zu den Zuschreibungen: Ich finde sie faszinierend, und ich weiß nicht, wie man sie erforschen kann. Natürlich ist der Mensch ein Mensch und hat eine anthropomorphe Sehnsucht. Wir deuten umgehend alles in menschlichen Kategorien, wir können nicht anders. Wir sehen Bilder in den Wolken, wo ein Algorithmus nichts sehen würde. In dem Moment, in dem ein Roboter, und sei er noch so plump, etwas Mimik hat, ist er für uns ein Mensch.

Und auch um ein Tamagotchi können wir uns Sorgen machen. Diese Eigenschaft machen sich Technologien in gewisser Weise parasitär zunutze, da muss man sehr aufpassen. Es ist einerseits sehr naiv vom Menschen, alles zu vermenschlichen, andererseits ist es die einzige Denkweise, die der Mensch als Mensch haben kann. Deswegen vielleicht auch die Sehnsucht nach der Objektivität der Maschinen. Das ist ein interessantes Spannungsverhältnis.

Dann dient die Maschine auch dazu, die eigenen Erkenntnisgrenzen zu erweitern? Wo fängt die Beziehung zur Maschine an, und wo hört sie auf?

Die Beziehung zur Maschine wird immer intensiver, je menschenähnlicher und damit adaptiver die Maschine wird. Es gibt psychologische Studien darüber, warum die Beziehung zu einem Kanarienvogel intensiver ist als zu einem Kaktus. Weil der Kanarienvogel lebendig ist, weil er interagiert, und der Kaktus nicht. Aber man kann auch zum Kaktus eine Bindung aufbauen. In diesem Sinne ist der Mensch ein extremes Bindungstier. Und je geschickter die Maschine ist, desto besser macht sie sich dies zunutze. Ein Quantensprung war ‚Alexa' als Maschine, mit der man sprechen kann. Woher sollen Kinder wissen, wie sie zwischen ihren Eltern und Alexa unterscheiden sollen? Der Papa spricht, das Ding spricht, alle sprechen. Wo ist da noch der Unterschied zwischen Objekt und Person in der Kommunikation? Mit der Sprache wird eine andere Dimension erreicht, da verschwimmen die Grenzen sehr stark.

INTIMITÄT

Durch die Responsivität: Die Maschine wird zu etwas, das antwortet.

Und meist auch ganz gut antwortet, das ist ja das Erstaunliche. Das hat man bereits 1966 mit dem ersten Sprachprogramm ‚ELIZA' erlebt, das von vielen als menschliche:r Sprecher:in wahrgenommen wurde. Erstaunlich!

Welche Aufgabe kommt den Künstler:innen in diesem Feld Ihrer Meinung nach zu?

Die klassische Aufgabe der Kunst: diese Überhöhung der Technologie zu dekonstruieren, zu demaskieren, ihre ganzen Hinterfragungstechniken anzuwenden. Von der Konsumgesellschaft wird man das nicht erwarten können. Wenn sich heute jemand als avantgardistisch versteht, nur weil er ein iPhone benutzt, dann zeigt das, dass die etablierten Konzepte von Innovation und Avantgarde – als eine Gegenposition zu dem gesellschaftlichen Massenverhalten – nicht mehr funktionieren. Kritisches Bewusstsein geht verloren. Natürlich sind die Wissenschaften, auch die Philosophie, hier besonders gefordert, aber Künstler:innen können ganz anders, subversiv damit umgehen.

Es stellt sich sofort die Frage, wer jetzt der Kaufende ist: die Programmiererin oder der Bot? Wer ist haftbar zu machen, wenn ein Roboter autonom handelt?

An welche Künstler:innen oder Projekte denken Sie da?

Die Schweizer Mediengruppe Bitnik beispielsweise hat 2015 den „Random Darknet Shopper“ programmiert, einen Bot, der nach dem Zufallsprinzip im Darknet Dinge für jeweils 50 Euro kaufte – darunter natürlich auch illegale. Diese Objekte wurden ausgestellt. Und etwas, über das wir Philosoph:innen stundenlang reden, wurde mit dieser Ausstellung schlagartig deutlich. Es stellt sich sofort die Frage, wer jetzt der Kaufende ist: die/der Programmierer:in oder der Bot? Wer ist haftbar zu machen, wenn ein Roboter autonom handelt? Schließlich hat die Polizei das Gekaufte sogar konfisziert. Die Problematik des Darknets wurde auf einmal einem großen Publikum bewusst. Man kann mit der Kunst Dinge viel plakativer, klarer darstellen. Das ist eine geniale Weise der Umsetzung.

GESPENSTER – SPIEL

Eines der besten Kunstobjekte, die ich gesehen habe, vor zwanzig Jahren schon, stammte von Studierenden der Berliner Universität der Künste. In einem Raum hing eine Waffe, die mit einem Gesichtstracking-Algorithmus verbunden war und die Besucher:innen verfolgte. Es ist ein ganz klassischer Algorithmus, der an jedem Bahnhof oder Flughafen eingesetzt wird, wo Kameras einzelne Personen verfolgen. Sie erfassen ein Gesicht, halten es fest, und man wird sie nicht mehr los. Normalerweise kriegen wir es nicht mit, weil wir die Kameras nicht beobachten. Aber wenn eine Pistole, die ja lebensbedrohlich wirkt, einen nicht mehr aus dem Visier lässt und mit jeder Bewegung mitwandert, ist das unheimlich. So werden schlagartig diese Technologie und ihre Möglichkeiten bewusstgemacht. In einem Vortrag könnte man es nie darstellen, aber in diesem Projekt wurde es intuitiv sofort erfassbar: Die Erfahrung war schlichtweg unheimlich!

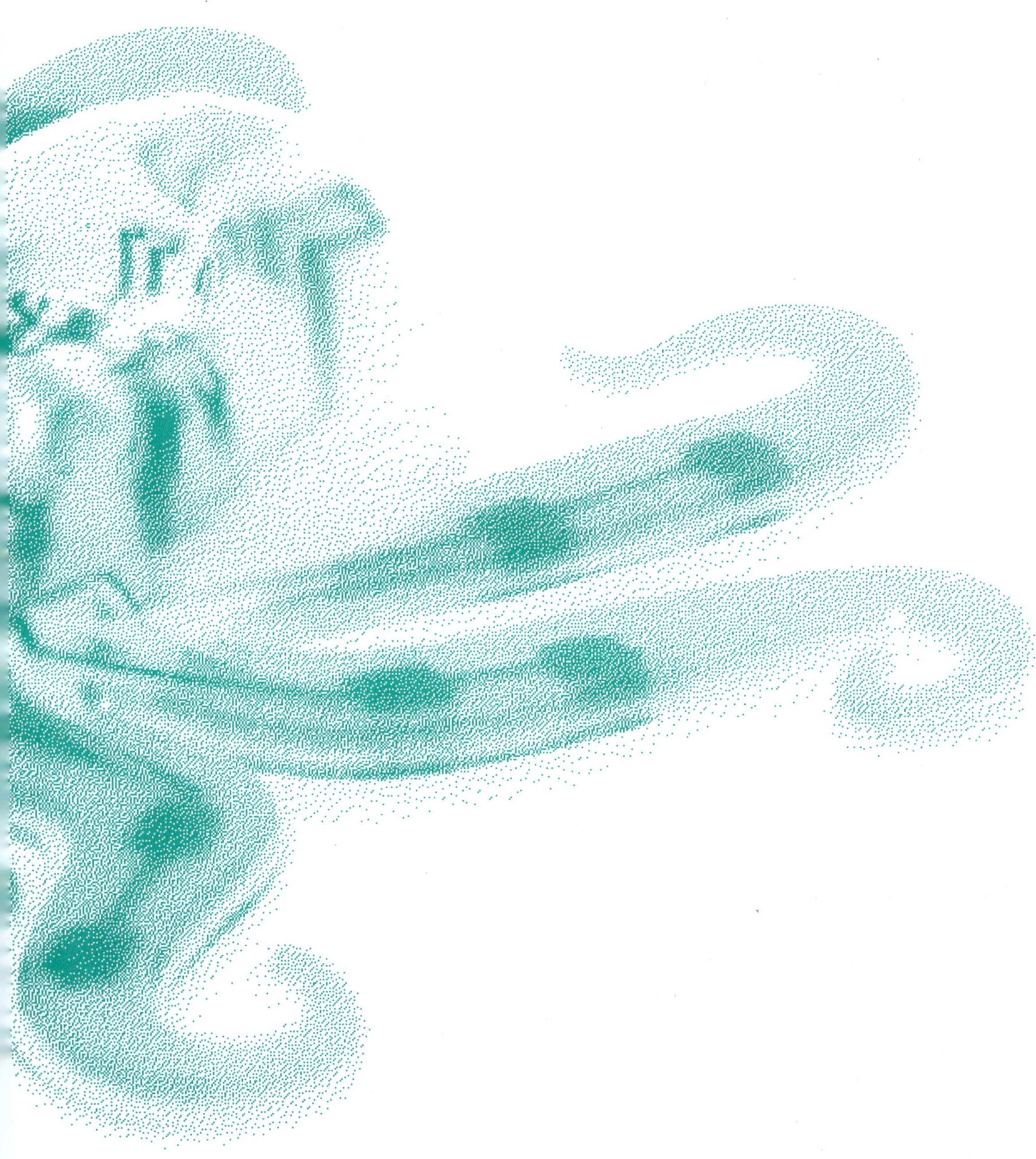

Der ‚Octobot' gilt als erster autonomer Roboter, der ausschließlich aus weichem Material gefertigt ist. © Bild: Lori Sanders / Harvard University

Es ist ja auch darum so schwierig, diese neuen Technologien ins öffentliche Bewusstsein zu heben, weil viele von ihnen am Rande der Wahrnehmbarkeit operieren.

Ja, dafür gibt es den vieldiskutierten Begriff ‚Technological Unconciousness', des unbewussten Technischen. ‚Ubiquitous Computing' war das erklärte Ziel der Technologieentwickler:innen des Forschungszentrums Xerox Palo Alto Research Center (Xerox PARC) in den 1990er Jahren. Sie waren sicher, dass diejenigen Technologien erfolgreich sein werden, die man nicht mehr als solche wahrnimmt, weil sie eine bestimmte Wahrnehmungsgrenze unterschreiten. Diese Unterschreitung der Wahrnehmungsgrenze mache ich in meinen öffentlichen Vorträgen zum Thema, weil vielen nicht bewusst ist, wie unfassbar weit sie bereits geht.

WAHRNEHMUNGS-GRENZEN

Haben Sie hierfür ein Beispiel?

Ja. Während eines Chats läuft im Hintergrund eine Analysesoftware. Was für uns Menschen ein Gespräch von einer halben Minute ist, ist für die Computeranalyse ein halbes Jahrhundert. Computer sind so unfassbar schnell geworden, dass sie alle Zeit der Welt haben, Analysen über unseren emotionalen Zustand zu betreiben, über Gesprächsinhalte. Die Analysesoftware hat genug Zeit, ins Netz zu gehen, und dort Links und Namen zu überprüfen, und im Hintergrund auf Ihrem Handy nach interessanten Daten zu suchen. Supercomputer rechnen heute mehr als 30 Billiarden Operationen pro Sekunde. Wir sind dieser Geschwindigkeit hoffnungslos ausgeliefert. Diese unterschwelligen Dinge machen mir Sorge. Die Technologie verschwindet, da sie immer kleiner, unsichtbarer wird, und arbeitet immer unterschwelliger, jenseits unserer eigenen Wahrnehmungsgrenzen, zeitlich, räumlich und so weiter.

Wir produzieren permanent Daten, die längst zu einer eigenen Währung geworden sind, was schwer vorstellbar ist für uns Einzelne, obgleich wir wissen, dass Meta, Google, Amazon und Co. genau daraus ihr Kapital schlagen.

Tatsächlich sind die einzelnen Daten ja uninteressant. Es kommt auf die Masse an. Zurzeit sind weltweit über zwei Milliarden Android-Geräte unterwegs, wir reden von gigantischen Dimensionen. Und diese Masse von Informationen ist heute auch verarbeitbar. Die Verarbeitungskapazität ist extrem groß geworden, man kann sehr, sehr viele Informationen auswerten, auch aus sehr heterogenen Daten.

Es findet eine Verschiebung der Subjekt-Wahrnehmung statt, denn für diese Algorithmen sind wir nicht als Subjekte interessant, sondern als gemittelte Subjekte. Wir sind für sie nur statistische Entitäten. Über die Maschinen wird so ein neues Subjekt-Verständnis in die Gesellschaft hinein transportiert, beispielsweise mithilfe von Fitness-Apps, bei denen wir uns ständig mit einem bestimmten Durchschnitt vergleichen, der jedoch von einer Gesamtmenge abhängt. Wenn die Gesamtmenge klein ist, ist der Durchschnitt ein anderer als bei einer sehr großen Gesamtmenge. Da wir die Gesamtmenge nicht kennen, den Durchschnitt aber immer als objektiv wahrnehmen, kommen hier Verfremdungserscheinungen in unser Subjektverständnis hinein. Die ganze Welt der Massendaten ist eine statistische. Als solche ist sie uns als Individuen total fremd, sie folgt einer ganz anderen Logik.

Besteht das Problem nicht auch darin, dass die Technologie in den Händen von Unternehmen liegt, die dann gesellschaftliche Entwicklungen bestimmen?

Aber das haben Unternehmen schon immer gemacht! Durch die Erfindung der Glühbirne haben sich die Städte tiefgreifende verändert. Und heute stehen wir am Ende der langen Geschichte der Erfindung des Autos, des Ottomotors. Es gibt diese geniale Szene in dem Film „2001: Odyssee im Weltraum“, in der ein Affe mit einem Knochen als Werkzeug und Waffe einen anderen Affen erschlägt. Da fängt es bereits an! Die Rede, die wir jetzt führen, gab es vor hundert Jahren auch schon. Damals waren die Menschen genauso überfordert, beispielsweise von der Eisenbahn, diesem Ungetüm, das Rauch ausspuckte und viel zu schnell fuhr.

ANFÄNGE

Demokratien ~~wären nicht denkbar~~ ohne Technologien, die auch viel Reichtum in eine Gesellschaft hineintragen. Aber der Preis ist natürlich ~~Ausbeutung~~ – von Ressourcen und von Menschen auf anderen Kontinenten.

Was können wir aus dieser historischen Perspektive lernen?

Man lernt daraus, dass auch unsere Zeit nur relativ ist. Wir haben das Gefühl, dass wir jetzt an einem Endpunkt angelangt sind, aber das stimmt natürlich nicht. Es wird immer irgendwie weitergehen. Und bislang haben sehr viele Menschen von Technologien profitiert. Demokratien wären nicht denkbar ohne Technologien, die auch viel Reichtum in eine Gesellschaft hineintragen. Aber der Preis ist natürlich Ausbeutung – von Ressourcen und von Menschen auf anderen Kontinenten. Ich glaube, wir müssen uns den Luxus, den wir haben und der uns selbstverständlich ist, wieder bewusster machen, gerade vor dem Hintergrund des Klimawandels. Da finde ich die aktuelle COVID-19-Krise ganz interessant, weil sie alle etwas herunterfahren lässt und auch zeigt, dass es Luxus ist, nach Mallorca in den Urlaub zu fliegen – und nicht selbstverständlich.

Können wir unsere Handlungsmacht wiedererlangen?

Nein, das glaube ich nicht. Sie ist verloren. Aber wir bekommen ja auch neue Handlungsmacht. Es ist nicht nur ein Verlustgeschäft. Dank der Schnelligkeit der Technologie kann ich mit der ganzen Welt kommunizieren. Dass ich dabei wahrscheinlich analysiert werde, muss ich eben wissen. Ich finde das Bewusstsein wichtig, die Aufklärung darüber.

Ist gesellschaftlicher Fortschritt an technologischen gebunden?

Es kommt darauf an, wie man es beschreibt. Die Waschmaschine und andere Küchengeräte haben die Frauen wahrscheinlich mehr befreit als alles andere. Es ist eine Entlastung, die emanzipatorische, aber auch wirtschaftliche Folgen hatte. Ich werbe immer dafür, es nicht schwarz-weiß zu sehen, es gibt viele Errungenschaften, derer wir uns gar nicht mehr bewusst sind, die wir aber für unser tagtägliches Leben brauchen.

Mit wegweisenden Arbeiten schrieb die britische Performancegruppe Forced Entertainment Theatergeschichte. In einem lauten Wiener Kaffeehaus, nach einer Probe, sprach Autor und Regisseur Tim Etchells über ihre künstlerische Arbeit – detailliert und geprägt von tiefer Neugier.

Alles andere sind nur Worte

TIM ETCHELLS

Wo arbeitet ihr die meiste Zeit?

Wir haben keinen festen Proberaum, daher müssen wir jedes Mal, wenn wir an einer Performance arbeiten, einen geeigneten Ort finden – meistens in Sheffield. Es gibt ein paar Räume, die wir regelmäßig nutzen, zum Beispiel einen Gemeindesaal und eine lokale Kunstgalerie. Es kommt immer darauf an, was für das Projekt erforderlich ist. Am häufigsten arbeiten wir mittlerweile im Gemeindesaal, auch wenn wir dort am Ende des Tages alles wegräumen müssen, weil abends Karatekurse und andere Dinge angeboten werden.

Welchen Einfluss hat der Raum, in dem ihr arbeitet, auf den Probenprozess?

RAUM

Der Raum beeinflusst alles – er bestimmt, wie sich das Material anfühlt, und wie man es betrachtet. Alles, was herumliegt, kann einen Einfluss haben. Ein anderer Raum, den wir früher oft genutzt haben, hatte einen vorgelagerten Parkplatz, auf dem häufig Gegenstände entsorgt wurden. Während der Improvisationen fanden diese Hinterlassenschaften – Schrott, ausrangierte Möbel und anderes – oft ihren Weg in den Proberaum. Und auch Dinge, die in den Proberäumen zurückgelassen werden, kommen sehr häufig zum Einsatz. Der Gemeindesaal wird zum Beispiel von einer Blaskapelle genutzt, und einmal haben wir uns für unsere Probe all ihre Fahnen und ihr Equipment ausgeliehen. Einfach alles, was herumliegt, läuft Gefahr, vereinnahmt zu werden!

Ist es interessanter, in einem Raum zu arbeiten, der eigentlich kein Theaterraum ist?

Es liegt etwas Verstörendes darin, in Räumen zu arbeiten, die weder Theaterräume noch diesen ähnlich sind, da es so etwas wie eine neutrale Umgebung natürlich nicht gibt: Der Raum beeinflusst, was wir tun, wie wir Dinge wahrnehmen, welcher Grad an Verbundenheit oder Distanz zum Material entsteht. Wenn wir für die Endproben an einen anderen Ort oder in ein Theater umziehen, besteht zumindest ein Teil der Arbeit im neuen Raum darin, das Gefühl wiederherzustellen, das zuvor vorhanden war. Jeder Ortswechsel bringt Veränderung mit sich, und wir wissen nicht, ob sie mit der Energie der Performance zu tun hat, mit dem visuellen Aufbau oder den neuen Rahmenbedingungen des Ortes. Alles muss neu justiert werden. Es ist eine subtile, aber wichtige Arbeit.

Verliert ihr den Kontakt zum Material, zum Stück?

Ja, es ist, als würde man den Kontakt dazu verlieren. In mancher Hinsicht wäre es günstiger, in ein und demselben Raum zu bleiben – tatsächlich würde ich Performances liebend gern an dem gleichen Ort präsentieren, an dem wir sie erarbeiten. Das einzig Positive an einem Umzug ist, dass wir in der Auseinandersetzung mit diesem Ortswechsel immer wieder etwas Neues über das Material erfahren. Dieser Prozess ist durchaus wertvoll, um die charakteristischen Eigenschaften der Arbeit zu erkennen und zu analysieren, in welchem Verhältnis sie zu den verschiedenen Räumen stehen. Der Umzug ins Theater ist jedes Mal ein gewaltiger Schock: Wir haben uns an das Material in einem sehr schlichten Raum ohne Theaterbeleuchtung gewöhnt, vielleicht hatten wir ein paar Lampen auf dem Fußboden, aber keine Beleuchtung von oben und hauptsächlich weiße Wände – Bedingungen, die man in einem Theater so nie vorfinden würde. Im Proberaum sage ich häufig zu den Performer:innen: „Kümmert euch nicht um mich, macht einfach euer Ding, heischt nicht um meine Aufmerksamkeit." Doch sobald wir im Theater sind, wendet sich das Blatt und auf einmal hören sie von mir: „Bitte, beschäftigt euch mit mir!" Wir suchen nach Wegen, unser Schaffen für die Bühne zu übersetzen, mit einer anderen Energie, mit einer anderen Artikulation.

Der Umzug ins Theater ist jedes Mal ein gewaltiger Schock: Wir haben uns an das Material in einem sehr schlichten Raum ohne Theaterbeleuchtung gewöhnt.

Du bist der Regisseur und Autor. Gibt es innerhalb von Forced Entertainment andere festgelegte Arbeitsbereiche?

Alles entwickelt sich ziemlich organisch in der Gruppe, jede:r bringt alle möglichen Vorschläge ein. Wir diskutieren alles. Das Schreiben kommt nur bei bestimmten Projekten ins Spiel: Derzeit arbeiten wir zumeist auf der Basis von Improvisationen – obwohl es durchaus vorkommen kann, dass ich kurze Texte oder einen Vorschlag für jemanden mitbringe, um die Improvisation zu starten. Offiziell entwirft Richard [Lowdon] das Bühnenbild, und Claire [Marshall] denkt über die Kostüme nach; aber es kann auch vorkommen, dass andere einen Kostümvorschlag einbringen oder etwas in den Raum stellen, das verändert, wie sich die Bühnengestaltung entwickelt.

Alle können sich auf allen Ebenen einbringen, aber die Tendenz geht dahin, dass jede:r mit der Zeit einen Bereich findet, auf den sie oder er sich vorwiegend konzentriert – intellektuell und performativ.

ANFÄNGE

Wo beginnen eure Projekte, und womit beginnen sie?

Am Anfang steht keine konkrete Idee, mit der wir uns beschäftigen wollen, kein Thema, eigentlich gar nichts. Meist beginnen wir damit, über den Stand unserer Arbeit zu sprechen, darüber, was uns in den letzten Projekten beschäftigt hat, welche Strategien oder Ansätze uns mittlerweile langweilen, und was uns als Hinweis dienen kann darauf, wie wir weitermachen möchten. Das klingt ziemlich abstrakt, aber letztlich versuchen wir immer, uns an den vorausgegangenen Arbeiten zu orientieren, um eine neue Grundlage zu schaffen. Für gewöhnlich hoffen wir dann, uns auf eine kleine Anzahl von Vorschlägen zu einigen und sie in den Proben weiterzuentwickeln, erste Schritte in Richtung Aktion, Text, Tanz oder Kostüme.

Entstehen diese Dinge aus den vorab geführten Gesprächen heraus?

Manchmal. Manchmal erstelle ich auch eine kurze Liste mit Dingen, über die ich nachgedacht habe. Am Anfang eines Projekts machen wir alles Mögliche – vielleicht fordere ich jemanden auf, sich vorn hinzustellen und über etwas zu sprechen, und bitte jemand anderes, sich dahinter zu stellen und etwas anderes zu tun. Oder ich bitte die gesamte Truppe, eine bestimmte Aufgabe – Text oder Handlung – gemeinsam auszuführen. Lose Experimente, erste Schritte. Oft machen wir etwas, ohne zu wissen, warum – nur um auszuprobieren, was interessant sein könnte. Oder wir machen mehrere Wochen lang dasselbe, ohne zu verstehen, was genau uns daran so fasziniert. Letztlich passiert in einem solchen Prozess zweierlei. Zum einen versuchen wir herauszufinden, welche Teile des Materials in einer Aufführung zusammen funktionieren könnten. Wir fragen uns: Wenn dies hier das wichtigste Element ist [Tim Etchells hält den grünen Zuckerstreuer hoch], was sind dann die anderen Elemente, Texte, Handlungen, etc., die unbedingt dazugehören? Und wenn es tatsächlich das Wichtigste ist, welche der anderen Bausteine gehören vielleicht gar nicht hierher?

Wir werfen also ein paar Dinge in die Proben hinein und versuchen herauszufinden, welche davon zusammengehören, welche eine Art Rahmen für andere schaffen könnten, welche im Zentrum der Arbeit stehen sollten und welche eher am Rand. [Er schiebt Gegenstände auf dem Tisch hin und her: Tassen, den Zuckerstreuer, eine Vase...]

Oft fragen wir uns auch: Könnte *eins* dieser Dinge allein die ganze Show sein? In den ersten Wochen oder gar Monaten überprüfen wir jede Idee daraufhin: Könnte sie stark oder interessant genug sein, um die ganze Show allein zu tragen, oder braucht sie den Dialog mit anderen Elementen? Der einzige Weg, um diese Fragen zu beantworten, besteht darin, die Dinge im Raum endlos neu zu kombinieren. Wir gehen dabei relativ intuitiv vor, versuchen aber, nahezu alles in nahezu jeder möglichen Kombination mit nahezu allem anderen auszuprobieren. Wir sagen manchmal, dass wir jede schlechte Idee einmal ausprobieren, um schließlich bei der einen zu landen, die gut ist!

Lässt sich eine schlechte Idee in eine gute verwandeln?

Nein.

Ist eine schlechte Idee also immer eine schlechte Idee?

Es geht weniger darum, eine schlechte Idee in eine gute zu verwandeln, sondern darum, die richtige Kombination zu finden, um ein Element, ein Stück Material sprechen zu lassen. Manche Ideen werden wahrscheinlich nie gut sein. Es gibt diverse Ideen, die wir in den letzten zwanzig Jahren während der Arbeit an verschiedenen Performances immer wieder ausprobiert haben – nur um jedes Mal festzustellen, dass sie nicht funktionieren! Und jedes Mal werden wir schmerzlich daran erinnert, warum wir die Idee schon früher verworfen hatten! Wir sagen dann, dieses Geschöpf oder diese Figur ist schon viele Male umgebracht worden, doch sie kehrt immer wieder zu uns zurück.

SCHLECHTE IDEEN – GESPENSTER

So könnte man Gespenster beschreiben.

Ja, genau.

Du hast einmal geschrieben, dass ihr hauptsächlich mit Improvisationen und Videoaufzeichnungen arbeitet. Trifft das immer noch zu?

Ja, weitestgehend. Wir verbringen viel Zeit damit, uns die Improvisationen anzuschauen, um herauszufinden, was wie funktioniert hat – die Reihenfolge der Szenen, Entscheidungen, die die Performer:innen und ich getroffenen haben, all diese Dinge.

Ist es schwierig, eine gelungene Improvisation zu wiederholen?

Ja, genau darum geht es. Wir wissen, dass eine Improvisation einen angenehmen ‚Flow' hatte, dass es spannende, aber auch erhebende Momente gab und all die Qualitäten, die uns interessieren. Wir alle spüren, wenn es geschieht. Entscheidungen fallen dann häufig kollektiv, in einem organischen Zusammenspiel, und die Videoaufzeichnung erlaubt es uns, das Ganze auseinanderzunehmen und in seinem exakten zeitlichen Ablauf zu sehen. Es ist enorm hilfreich, zu wissen: Die erste Szene dauert zwölf Minuten. Sie dauert keine fünfzehn, sie dauert keine acht – der Unterschied dazwischen ist gewaltig. Die Aufzeichnungen helfen uns dabei, Elemente aus den Improvisationen zu rekonstruieren.

Und dann wird es zum Score?

Ja, es wird zum Score. Das Material wird fixiert. Wenn wir zum ersten Mal etwas improvisieren, entwickeln sich Zeit und Material auf eine sehr organische, reale Art und Weise – in dem Sinn, dass es eine bestimmte, eine ‚natürliche' Zeit braucht, bis eine Szene sich entwickelt hat oder eine Idee sich im Raum materialisiert. Wenn du dasselbe Material dann in einer zweiten Improvisation wieder verwendest, wird dein Gefühl für das, was du tust, von dem Wissen verfälscht, das du beim ersten Versuch gewonnen hast. Du hast von vornherein eine konkrete Vorstellung. Das kann dazu führen, dass sich alle beeilen, um möglichst schnell zu den ‚guten' Teilen zu gelangen. Wenn die Szene etwa daraus bestände, dass wir hier sitzen, uns fünfzehn Minuten lang unterhalten und mir dann ein Glas Wasser ins Gesicht schüttest, und wir das nun in einer zweiten Improvisation wiederholen würden, würde es vermutlich nicht länger als zehn Minuten dauern, bevor das Wasser kommt – weil wir beide rasch zum dramatischen Teil übergehen wollen. Zu viel Vorwissen kann das Gespür dafür verzerren, was im gegenwärtigen Moment wirklich geschieht. Aber dank des Videos wissen wir, dass es genau fünfzehn Minuten waren. Wir können unsere Aufmerksamkeit auf die performativen Details richten, um der ersten Version treu zu bleiben. Die Aufzeichnungen geben uns eine Architektur und eine Reihe von Strukturen an die Hand, die sich reproduzieren lassen.

Da wir gerade über den Fluss von Information und Aufmerksamkeit sprechen: Ich fühle mich von der Dramaturgie eurer Stücke oft manipuliert, das Publikum ist in hohem Maße in die Performance involviert.

Wenn wir die Stücke bauen, beobachten wir die Entwicklung der Dramaturgie mit ihren Irrwegen und Wendungen genau – wie die von uns geschaffenen Strukturen das Erleben der Betrachtenden formen. Wir möchten, dass sich Dinge vertiefen, durch Verschiebungen und Brüche des Materials, und indem sich die emotionale Temperatur verändert. Ein gutes Timing für das Publikum zu finden heißt im Wesentlichen, dass es interessiert bleibt, dass es durch eine Abfolge von Ereignissen geleitet wird, die irgendwie unwiderstehlich, faszinierend ist.

DRAMATURGIE – LÖCHER

Aber es gibt auch Momente echter Langeweile, in denen eigentlich gar nichts passiert, Momente, die sich zäh in die Länge ziehen.

Wir sprechen davon, dass Veränderung verdient werden muss, dass Veränderung einer bestimmten Logik innerhalb der Stücke folgt. Eine Handlung, ein Text oder etwas anderes muss sich erst festgefahren oder abgeschlossen anfühlen, bevor es zum Bruch kommt. Nur so kann die Veränderung akzeptiert werden oder faszinierend sein. Wird die Veränderung dem Publikum hingegen auf dem Silbertablett serviert, ist das dramaturgisch nicht effektiv.

In „Dirty Work" zum Beispiel sitzen Robin [Arthur] und Cathy [Naden] in den ersten zwanzig, fünfundzwanzig Minuten einfach nur da. An einem bestimmten Punkt erhebt sich Cathy und geht nach vorn zum Bühnenrand. Es ist das erste Mal, dass jemand aufsteht, und im Kontext des Stücks ist es ein großer Schritt. Wir haben bei der Arbeit immer die Ökonomie der Veränderung im Blick, wir analysieren, was zu einer Veränderung führt und wie diese Veränderung erarbeitet wird. Wie viel Zeit braucht etwas, bevor es sich verändert? Das geht auch auf meine Vorliebe als Betrachter zurück: Ich mag es, wenn Prozessen Zeit gegeben wird, es gibt keinen Grund zur Eile.

Ihr arbeitet seit 1984 zusammen. Wie schafft ihr es, nach wie vor aneinander interessiert zu sein?

Wir beginnen Projekte langsam – immer mit diesem Versuch, uns zu positionieren, zu verstehen, woher wir kommen. Wo stehen wir jetzt? Und wie sind wir an diesem Punkt angelangt? Was tun wir hier? Das ist ein wichtiger Prozess. Es geht darum, sich auf die Arbeit einzustimmen, zu sehen, welche Möglichkeiten in der Luft liegen.

Erfindet ihr auf diese Weise eure eigene Geschichte?

Ja, wir schauen uns hin und wieder auch unsere ganze Historie an. Manchmal kommt es uns wie ein sinnloses Gespräch vor, das wir schon unendlich oft geführt haben. Aber andererseits hat dieser Akt kollektiver Richtungsbestimmung etwas, das für uns wichtig ist. Die meisten von uns haben eine bestimmte Vorstellung davon, was als nächstes getan werden sollte oder welcher Strang der Arbeit am interessantesten erscheint, und wir können diese Fragen lange Zeit in der Gruppe diskutieren. Was uns aber immer wieder eint, ist, wenn etwas Neues im Proberaum geschieht, etwas Spannendes, Faszinierendes. Dann wird jede wie auch immer geartete Diskussion, die wir gerade führen, unwichtig. Ohnehin vertrauen wir dem Tun mehr als dem Reden. Was uns interessiert, ist die Komplexität von Personen und Handlung und Text im Raum. Alles andere sind nur Worte.

Was uns aber immer wieder eint, ist, wenn etwas Neues im Proberaum geschieht, etwas Spannendes, Faszinierendes. Dann wird jede wie auch immer geartete Diskussion unwichtig.

Interessant ist für mich auch, darüber nachzudenken, woher neues Material kommt. Zum einen entspringt es den Diskussionen, entsteht aus dem Nachdenken in der Gruppe, dem Analysieren der Videoaufzeichnungen, und so weiter. Zum anderen aber ergeben sich neue Impulse und Perspektiven daraus, was jemand während der Improvisation tut. Es *gibt* eine kollektive dramaturgische Kommunikation, doch zugleich gibt es auch diesen Raum, in dem es darum geht, als Performer:in auf der Bühne zu stehen und sich zu entscheiden, etwas Bestimmtes zu tun. Dabei kommen Zufälligkeit und Intuition ins Spiel, das Wissen, das ein Körper in sich trägt, das, was im Empfindungsvermögen eines Menschen zum Ausdruck kommt, in individuellen Einsichten jenseits dessen, was sich einfach in Worte fassen oder benennen lässt. Wir kommunizieren in gewissem Sinn alle miteinander, aber zugleich ist jede:r auf sich allein gestellt. Im besten Fall ist das Stück eine Art Begegnungsraum, statt nach dem Willen einer einzelnen Person geformt zu sein.

Wie würdest du das Verhältnis zwischen den Proben und der Performance beschreiben?

Wenn wir ein Stück machen, das auf Improvisationen basiert, besteht unsere Arbeit darin, eine Art dramaturgisches Statement zu konstruieren. Das heißt, es gilt, einen fließenden Ablauf von, sagen wir, einer Stunde und fünfundzwanzig Minuten zu entwickeln, der aus Material zusammengefügt wird, das an verschiedenen Tagen entstanden ist. Dieses Material besitzt eine ganze Reihe von Rhythmen und Offenbarungen, Veränderungen und Überraschungen. Die Performance zu bauen, ähnelt der Montage beim Filmschnitt – man sucht sich einen Mittwochmorgen im Januar und einen Donnerstagnachmittag im April aus und probiert, wie sie sich aneinanderfügen lassen. Vielleicht passen sie direkt zusammen, oder es ist ein kleiner Übergang nötig, um sie zu verbinden, etwas Neues, das wir gemeinsam erfinden.

Wir montieren eine Maschine mit einer fesselnden, aussagekräftigen Struktur, doch die mechanische, exakte Reproduktion dieser Struktur allein wird nie ausreichen. Das Stück ist für die Öffentlichkeit bestimmt, die Dramaturgie muss daher durchlässig sein. Wir müssen es auf eine Art performen, die Präsenz erzeugt. In den Theatervorstellungen improvisieren wir nicht viel – nach dem Ende der Proben ist praktisch alles festgelegt, bis hin zu sprachlichen Details oder Gesten, die das Publikum eher beiläufig wahrnehmen wird. Doch zugleich möchten wir sicherstellen, dass diese Maschine in der Öffentlichkeit eine Verbindung, ein Gespräch mit ihrem neuen Gegenüber, dem Publikum eingeht.

Ich stelle es mir schwierig für die Performer:innen vor, mit einer gewissen Beiläufigkeit und Präzision zugleich zu spielen.

Durch die Arbeit mit der Videokamera haben wir begonnen, expliziter zwischen der Hauptidee – der großen, performativen Geste – und den Mikroideen zu unterscheiden, die sich im Hintergrund, auf einer anderen Wahrnehmungsebene ereignen. Dies brachte uns auf den Gedanken, alles bis ins kleinste Detail zu lenken. In „Bloody Mess“ etwa erzählt John [Rowley] die Geschichte von der Entstehung der Welt und wird dabei von Richard [Lowdon] unterbrochen. Man könnte nun sagen: John spricht und Richard unterbricht ihn. Alternativ aber könnte man es so beschreiben: John spricht, Richard legt die Hand auf Johns Schulter, John schenkt dem keine Beachtung,

KOLLEKTIV
– SPRACHE

Richard tippt ihn an, John schaut ihn an, nimmt die Erzählung wieder auf, und Richard sagt schließlich: „Eh, John". Der Akt des Unterbrechens wird so zu einer Aufeinanderfolge von drei präzisen Schritten. Durch diese Details entsteht das Gefühl, etwas zu beobachten, das nicht demonstrativ zur Schau getragen wird, etwas, das seine Zeit braucht und das wir gerade in seiner Winzigkeit genießen können.

In der Phase ab Mitte der Proben bis zur Premiere geht es typischerweise um die Entscheidung, in welcher Abfolge wir die Elemente präsentieren. Wenn wir also diese vier Dinge haben [eine Vase, eine Kaffeetasse, einen Zuckerstreuer und ein Glas Wasser auf dem Tisch], funktionieren sie in dieser Reihenfolge, oder arrangieren wir sie besser um?

Bist du derjenige, der am Ende die Entscheidung trifft?

Das kommt darauf an. Die anderen wissen, dass ich das Stück von außen betrachte und sie selbst mittendrin stehen, also wird mir ein gewisses Vertrauen entgegengebracht. Ich habe einen Blick auf das, was sie tun, den sie nicht haben können. Zur selben Zeit sind wir alle aber die ganze Zeit miteinander über alles im Gespräch. Für gewöhnlich versuchen wir, zu einer kollektiven Entscheidung über Dinge zu gelangen. Zu Anfang fast jeder Probe versuche ich, über das zu sprechen, was wir am Tag davor gemacht haben, und andere einzuladen, ihrerseits zu sagen, was sie davon halten. Ich bin mit Sicherheit kein Regisseur, der nach der Probe nach Hause geht, alles niederschreibt und am nächsten Tag mit einem abgeschlossenen Plan zurückkommt. Ich spreche lieber davon, ‚zu einer Entscheidung zu kommen' als ‚eine Entscheidung zu treffen'. Ich bin weit mehr daran interessiert, gemeinsam mit den anderen im Raum zu sein, zu sprechen und alle Möglichkeiten bis zu dem Punkt auszuschöpfen, wo es offensichtlich wird, was wir tun müssen.

Entspringt diese Offensichtlichkeit auch dem Material?

Wenn Material für das Stück feststeht, überlegen wir uns verschiedene Modelle, wie diese innerhalb einer größeren Struktur funktionieren könnten. Wir denken über mögliche Versionen nach. Es können beispielsweise für uns drei potenzielle Stücke vorstellbar sein, die sich mit diesem Material realisieren ließen. Eine Version beginnt vielleicht mit diesem grünen Zuckerstreuer und endet mit Salz und Pfeffer. Eine andere beginnt stattdessen mit der Teekanne, gefolgt von den anderen Dingen, um mit dem Zucker zu enden. Jede der möglichen Versionen hat eine eigene Bedeutung, erschließt ein anderes Potenzial.

In unseren Gesprächen im Proberaum versuchen wir immer, uns ins Bewusstsein zu rufen, über welche Version eines Stücks wir gerade reden – damit klar ist, was vorgeschlagen oder beschrieben wird. Sonst kann eine ziemliche Verwirrung entstehen. Wir haben oft drei oder mehr Fassungen im Kopf und halten jede davon so lange lebendig, bis wir wissen, welchen Weg wir tatsächlich einschlagen wollen. Unterschiedliche Modelle zu entwickeln, wie das Werk zusammenhängen und als Ganzes strukturiert sein könnte, ist sehr nützlich, denn in jedem treten andere potenzielle Ansätze oder Nuancen des Materials in Erscheinung.

Ich spreche lieber davon, ‚zu einer Entscheidung zu kommen' als ‚eine Entscheidung zu treffen'.

Geht es darum, das Material wertzuschätzen, und es aus unterschiedlichen Perspektiven zu betrachten?

Ja. Über verschiedene Strukturen nachzudenken, hilft uns zu verstehen, was wir vor uns haben. Jedes Element stellt eine Forderung oder spricht eine Einladung aus. Wir bemühen uns, einander ebenso wie dem Material zuzuhören. Ich denke oft, wenn wir es vermasseln, liegt es daran, dass wir nicht auf das Material geachtet haben. Es besteht die Gefahr, sich einer Fantasievorstellung hinzugeben, anstatt sich auf die Situation zu konzentrieren, in der man sich befindet. Auch dann kann die Videoaufzeichnung helfen: Sie kann in Erinnerung rufen, was wirklich geschehen ist. Ich glaube bei der Entwicklung eines Stücks weniger an ein themenbasiertes Vorgehen: Es ist leicht zu behaupten, das Stück handele von diesem oder jenem, doch eine solche Aussage erzählt zugleich wenig über die Materialität des Geschehens. Mich interessiert, was im Raum passiert – die Gegenwärtigkeit. Natürlich wird es letztlich beim Arrangement des Materials um etwas gehen, vielleicht sogar um etwas Thematisches, aber der Weg dorthin war ein anderer.

INGRID LAFLEUR

Nichts ist eine gerade Linie

Überraschend entwickelte sich das Interview mit Ingrid LaFleur. Eigentlich sollte es um Afrofuturismus gehen, um LaFleurs künstlerische Praxis und ihre kuratorische Freiheit. Doch die Aktivistin und Kuratorin kam rasch auf ihr neues queeres Leben zu sprechen, auf Heilungsprozesse und auf kollektive Trauer.

Während der Vorbereitungen auf dieses Interview inmitten des Lockdowns habe ich es sehr geschätzt und genossen, Ihre selbstermächtigenden, inspirierenden Vorträge anzuhören. Um gleich zum Punkt zu kommen: Woher nehmen Sie Ihre Energie?

Das ist eine sehr interessante Frage. Sie bringt uns direkt zum Kern meiner Thesen, nämlich dass Dystopie und Utopie, Schmerz und Freude an ein und demselben Ort zu finden sind. Ich glaube, dass wir unsere Fähigkeiten unterschätzen, in schweren, emotional fordernden Zeiten Quellen der Kraft, Liebe oder Freude zu finden. Ich kam eine Woche vor dem Lockdown in Johannesburg an, und in dieser Woche begann ich mit jemandem auszugehen. Als der Lockdown kam, blieb ich bei dieser Frau und ihren zwei Kindern. Es ist meine erste längere lesbische Beziehung. Und ich betone das, weil ich denke, dass ich die Art von Mitgefühl und Liebe, die ich bei ihr fand, in keiner meiner heterosexuellen Beziehungen bekommen hätte. Es war eine sehr harte Zeit, und ich bin überzeugt, dass die Liebe einer Frau der einzige Weg für mich war, sie durchzustehen und mich weiterhin auf meine Arbeit konzentrieren zu können. Und durch ihre Liebe entwickelte sich meine Arbeit weiter, durch meine Auseinandersetzung damit, was es bedeutet, queer zu sein. Mit Rasheedah Phillips, der derzeit führenden Autorin und Theoretikerin des Afrofuturismus', sprach ich darüber, dass Afrofuturismus nicht linear funktioniert. Doch wie übertragen wir dies in die reale Welt? Erst jetzt, durch mein neues queeres Leben, beginne ich zu verstehen, wie ein solch nichtlineares Denken aussehen oder sich anfühlen kann.

Wie sieht es aus?

Ich suche noch nach Wegen, um auszudrücken, dass nichts eine gerade Linie ist. In einer heterosexuellen Welt überdenken wir unablässig, wie eine Heterobeziehung aussieht, welchen Regeln sie folgt und versuchen, diese zu erweitern. Doch das sind sehr lineare Lebensentwürfe, die sich danach richten, worauf sich die Gesellschaft einmal geeinigt hat. Aber in der queeren Welt gibt es keine Regeln. Du erfindest völlig neue, eigene Regeln. Das Potenzial ist exponentiell. Die Möglichkeiten sind unendlich. Bis zu dem Punkt, wo es frustrierend sein kann für jemanden, der bislang heterosexuelle Beziehungen geführt hat. Es ist kein einfacher Übergang. Ich bin gezwungen, mit meinen eigenen Grenzen auseinanderzusetzen.

ÜBERGÄNGE

In meiner Arbeit spreche ich viel über die Beschränktheit der Vorstellungskraft, und nun übertrete ich kontinuierlich Grenzen, die mir gar nicht bewusst waren – nicht nur in meinen Beziehungen, sondern auch in meinem Leben allgemein, in der Weise, wie ich mich durch diese Welt bewegt habe. Diese Auseinandersetzung beeinflusst seither meine gesamte Arbeit, sie ist wie eine Öffnung, es ist hochspannend. In welchem Verhältnis steht dieses Neue zu den Theorien, die ich bislang durchdacht oder die ich zu einem Teil meines Lebens gemacht habe? Sind sie weiterhin gültig? Und falls nicht, was heißt das? Dies alles ist einfach aufregend! Das Unbekannte und das unendliche Potenzial und all das zur gleichen Zeit.

Basieren nicht die meisten unserer Beziehungen auf etablierten Verhaltensmustern? Nicht nur die zu unseren Partner:innen, sondern auch zu Freund:innen und Nachbar:innen, Vorgesetzten, Eltern, Kindern, Tieren? Es ist immer eine Herausforderung, sich von solchen Verhaltensweisen zu lösen und anders an Beziehungen heranzugehen.

THEORIE

Das stimmt. Und es kann einschüchternd wirken zu erkennen, dass es tatsächlich keinerlei Drehbücher gibt. Manchmal bevorzugen wir das lineare System, weil es eine bestimmte Sicherheit schafft, ein Fundament, auf dem wir stehen können. Aber wenn es einmal außer Kraft gesetzt ist, ist es, wie in Wolken zu treiben! Ich habe begonnen zu überdenken, was es wirklich bedeutet, menschlich zu sein, und mich mit entsprechenden Theorien befasst.

COVID-19 hatte aus vielen Gründen eine verheerende Wirkung. Die Pandemie traf die Vereinigten Staaten einen Moment bevor sie nach Südafrika kam. Ich konnte beobachten, wie Schwarze Menschen in den Vereinigten Staaten, vor allem in Detroit, in unverhältnismäßig großer Zahl starben. Der Rassismus wurde sichtbar, der bereits in unserem Gesundheitssystem verankert ist, die ökonomische Benachteiligung, die wir erfahren und die sich auch auf unsere Gesundheit auswirkt. Aus der Ferne habe ich verfolgt, wie Kolleg:innen und Freund:innen starben. Doch wie können wir Visionen für unsere Zukunft entwickeln, wenn infolge eines beispiellosen historischen Ereignisses buchstäblich die ganze Welt trauert?

Die Pandemie hat uns gezwungen, uns ganz auf uns selbst zu konzentrieren – auf unser Lebensumfeld, unsere Kinder... Wir waren gezwungen, uns mit den Dingen zu beschäftigen, die wir sonst beiseiteschieben konnten, mit denen wir uns nicht auseinandersetzen mussten. Wie aber können wir in solchen Momenten Heilung erfahren? Nur weil uns plötzlich Zeit gegeben ist, um zu heilen, bedeutet das nicht zwangsläufig, dass wir es auch tun. Und wie kann ein Prozess der Heilung aussehen? Vielleicht bleibt man den ganzen Tag im Bett. Ich persönlich musste einige schwerwiegende Verluste verkraften. Mein ganzes Leben veränderte sich, und ich weiß, dass es nicht nur mir so ging. Meine Zukunft sieht jetzt ganz anders aus. Meine Zukunft, so beängstigend das sein mag, entspricht nicht mehr dem, was ich mir bislang vorgestellt habe.

TRAUER

Ich denke, dass sich viele Menschen durch die Pandemie gezwungen sahen, neue Vorstellungen von ihrer Zukunft zu entwickeln.

Vielleicht ist es auch nicht notwendig, unsere Zukunft umgehend neu zu entwerfen. Vielleicht ist es notwendig, sich allein auf die Gegenwart zu konzentrieren, die ja immer die Zukunft hervorbringt.

Es ist interessant, dass Sie sagen, die Pandemie habe uns der Möglichkeiten beraubt, unserem Alltag zu entfliehen. Wenn dieser störend war oder bloß langweilig, gab es immer eine Reise zu unternehmen, einen Job zu erledigen oder einen Termin wahrzunehmen. Jetzt sind wir sehr konkret mit dem konfrontiert, was uns umgibt. Hat das auch Ihre Perspektive auf den Afrofuturismus geändert? Der in jedem Fall ein Begriff ist, den wir hier weiter erkunden sollten.

Es gibt die kulturelle Bewegung ‚Afrofuturism', und es gibt ‚Afrofuture Thinking', was ich entwickele. Die Pandemie hat mich davon überzeugt, dass wir diese Art zu denken jetzt mehr benötigen denn je. Mein Heimatland aus der Ferne zu beobachten, war gelinde gesagt faszinierend. Doch auch zutiefst besorgniserregend. Ich verstehe nicht, welche Art von Zukunft sie gestalten wollen. Zurzeit werden Diversität, Gerechtigkeit und Inklusion zunehmend in den Blick genommen. Es werden immer mehr Leute eingestellt, um die entsprechenden Abteilungen in Firmen zu leiten – aber es funktioniert nicht.

Indem er einen spekulativen Raum, einen Raum für Spekulationen eröffnet, erlaubt uns der Afrofuturismus grundsätzlich, sehr komplexe Themen anzusprechen – und zwar auf eine faszinierende, neugierig machende Art und Weise, sodass sich mehr Leute darauf einlassen können.

Warum nicht?

Es wird nicht wirklich umgesetzt, es wird nicht wirklich Teil der Unternehmenspolitik. Darum schätze ich das afrofuturistische Denken so. Ich spreche zum Beispiel oft von Co-Kreation. Wer allerdings an die Überlegenheit der *Weißen* glaubt oder Sexist:in ist, wird durch das Co-Kreieren nur Schaden anrichten. Wir haben es mit Menschen zu tun, die alle sehr komplexe Wesen sind. Sie sind geprägt von ihrer Herkunft und von ihrer Kultur, sie bringen alle möglichen Vorurteile mit. Wie gehen wir also damit um und versuchen dennoch, etwas zu entwickeln, an dem wir alle teilhaben können? Das afrofuturistische Denken dringt zum Kern vor und trägt dazu bei, dass wir Vorurteile wirklich einschätzen lernen – ohne dass dabei versucht wird, Schuldgefühle auszulösen.

SPEKULATION – HEILUNG

Indem er einen spekulativen Raum, einen Raum für Spekulationen eröffnet, erlaubt uns der Afrofuturismus grundsätzlich, sehr komplexe Themen anzusprechen – und zwar auf eine faszinierende, neugierig machende Art und Weise, sodass sich mehr Leute darauf einlassen können und bereit sind, sie zu diskutieren. Auch deswegen ist mein Publikum überwiegend *weiß*. Der Afrofuturismus ist ein Raum, der keine Bedrohung darstellt. Keiner, in dem man mit dem Finger auf dich zeigt. Es ist ein Raum, der heilend wirkt und frei zugänglich ist. Ein solcher Raum stellt Schwarze Körper in den Mittelpunkt, was *weiße* Amerikaner:innen nicht tun. Es ist nicht Teil der Kultur. Diese Kultur rückt Schwarze Personen nur dann ins Zentrum, wenn sie kriminalisiert werden. Und allein diese Handlung, in einer gesunden Weise eben das in das Zentrum zu rücken, was man sein ganzes Leben lang dämonisieren sollte, bedeutet Heilung.

Es ist ein Ort, an dem niemand verurteilt wird.

Ja. Es gibt keine Definition davon, was dich zur Afrofuturistin macht. Individuell mögen wir alle eine eigene Meinung haben, kollektiv steht diese aber nicht im Fokus. Unser gemeinsames Anliegen ist Befreiung. Darum habe ich auch die Interviewreihe „What does the Afrofuture say?“ gemacht, es war eine große Freude. Jede:r einzelne Gesprächspartner:in hat eine eigene Beziehung zum Afrofuturismus, definiert ihn vollkommen anders. Manche möchten noch nicht einmal als Afrofuturist:in bezeichnet werden. Wir müssen verstehen, wie vielstimmig der Afrofuturismus ist, und diese Vielfalt von Ideen willkommen heißen. Er beschreibt einen Raum, der sich im Werden befindet. Er hat nichts Statisches, ihm wurde noch kein Platz in den Geschichtsbüchern zugewiesen. Darin liegt viel Freiheit. Ich denke, das ist außerordentlich gesund.

Westliche Narrative sind oft linear, wie das Konzept des Fortschritts oder wie die Gegenüberstellungen beispielsweise von Kultur und Natur, Körper und Geist, die tief in unserer Kultur verwurzelt sind, auch wenn dieses Denken unsere Welt zerstört. Welche neuen Narrative können Afrofuturist:innen uns erzählen oder lehren?

In der Kunst zeigt der Afrofuturismus automatisch, dass es noch eine andere Möglichkeit gibt. Wahrscheinlich ist das der wichtigste Aspekt. Er bewegt sich ganz bewusst jenseits des Vorgezeichneten. Er ist ein experimenteller Raum, in dem wir kontinuierlich Risiken eingehen. Wir leben immer an der Schwelle und versuchen, neue Denkweisen anzustoßen, neue Werkzeuge zu entwickeln, die geeignet sind, ein solches Denken zu manifestieren – und dabei in allem, was wir vorantreiben, inklusiv zu sein. In den USA ist das lineare Denken in der Kultur fest verankert. Es ist in unsere Politik eingebettet, und das erklärt, warum wir so viele Probleme haben. Alles wird in binäre Kategorien gezwängt, alles ist entweder schwarz oder weiß, Mann oder Frau. Dass es darüber hinaus noch etwas anderes gibt, ist unvorstellbar. Zum Beispiel ist es für einen Freund von mir, einen Transmann, jedes Mal äußerst traumatisch, durch die Vereinigten Staaten zu reisen. Sein Ausweis bescheinigt ihm ein männliches Geschlecht, doch immer, wenn er am Flughafen einem

Ganzkörper-Scan unterzogen wird, stellen sie fest, dass er nicht alle körperlichen Merkmale aufweist, die ein Mann ihrer Ansicht nach haben sollte. Und so einen Ganzkörper-Scan machen sie jedes einzelne Mal. Ich verstehe nicht, wo das Problem liegt. Warum muss man wissen, dass man es mit einem ‚echten, biologischen Mann' zu tun hat? Was spielt das für eine Rolle? Mit so etwas verschwenden wir Zeit, wir verschwenden Energie und oft auch Geld, und das nur, weil wir an diesem eingeschränkten Denken festhalten wollen. Und während hier Zeit, Energie und finanzielle Ressourcen verschwendet werden, hungern Menschen, sterben Menschen. Und ihr wollt wissen, ob diese Person biologisch betrachtet ein Mann ist? Das ergibt keinen Sinn.

RESSOURCEN

Laut einer statistischen Erhebung der Citigroup haben die Vereinigten Staaten allein zwischen 2016 und heute [Sommer 2021] aufgrund von rassistisch motivierter Diskriminierung 16 Billionen Dollar verloren. Können Sie sich vorstellen, wie es sein würde, wenn es keinen Rassismus gäbe? Und es geht hier allein um rassistische Diskriminierung, von Sexismus und anderen Formen der Unterdrückung und Benachteiligung von Minderheiten gar nicht zu sprechen. Was diese 16 Billionen Dollar für unsere Nation bewirken könnten! Daran zeigt sich sehr konkret, wie wir unser eigenes Wachstum behindern. Es ist umso trauriger, weil wir in den Vereinigten Staaten permanent die Möglichkeiten haben, ein Beispiel zu sein – ein Beispiel dafür, wie eine wunderschöne, diverse Gesellschaft aussehen könnte. Denn das sollten wir doch sein, Menschen aus allen Winkeln der Erde sollten hier zusammenkommen, in diesem fabelhaften ‚Melting Pot' [Schmelztiegel] oder Eintopf, wie immer man es nennen will. Wir sollten zusammen spielen, wir sollten zusammen wachsen, wir sollten gemeinsam Vorstellungen entwickeln, auch von der Zukunft. Aber es gibt den kontinuierlichen Drang, all das zu unterbinden.

Der Afrofuturismus kann ein Mittel sein, um diese Themen genau zu durchdringen und sie auf eine Art und Weise zu diskutieren, die hilft, das ganze Bild wahrzunehmen. Und er kann aufzeigen, wie wir unser Wachstum limitieren.

Wir bewegen uns rückwärts. Manche Staaten wollen das Thema Sklaverei aus dem Schulunterricht verbannen oder erreichen, dass in den Vereinigten Staaten insgesamt weniger über Sklaverei gesprochen wird. Barnard Kemter, ein 77 Jahre alter *weißer* Veteran, hielt dieses Jahr in Hudson eine Rede zum Memorial Day. In seiner Ansprache beleuchtete er die Geschichte des Gedenktages, der 1865 zuerst von amerikanischen Schwarzen gefeiert wurde. Als er davon erzählen wollte, versuchte man, ihn zum Schweigen zu bringen, indem man sein Mikrofon ausschaltete. Er aber sprach weiter. Und Kemter sprach nicht nur weiter, sondern er hatte auch Kopien seiner Rede dabei, die er verteilte! Ich liebe diesen Mann. Die Organisator:innen gaben später zu, das Mikrofon vorsätzlich abgeschaltet zu haben, weil sie die Geschichte nicht hören wollten – noch nicht einmal von einer anderen *weißen* Person. Sie werden immer unverfrorener und dreister. Sie wollen schlichtweg alles unterbinden, was den Schwarzen Körper erhebt oder ermächtigt. Der Afrofuturismus kann ein Mittel sein, um diese Themen genau zu durchdringen und sie auf eine Art und Weise zu diskutieren, die Menschen hilft, das ganze Bild wahrzunehmen. Und er kann aufzeigen, wie wir unser Wachstum limitieren und behindern. Wir begrenzen unsere Möglichkeiten, sabotieren die eigenen Träume. Und wofür? Ich verstehe noch nicht einmal, was sie damit bezwecken.

STOPP – SPIEL

Ich finde das auch sehr verstörend. Das Festhalten an diskriminierenden Praktiken schadet beiden Seiten dieses binären Systems und schränkt, wie Sie sagen, letztlich alle ein. Dieser Aspekt bleibt im öffentlichen Diskurs oft außen vor.

Es gibt viele Ängste in Bezug auf den Schwarzen Körper, und mithilfe des Afrofuturismus lassen sich neue Ideen entwickeln, wie wir uns mit ihm auseinandersetzen können. Das ist sogar für Schwarze höchst notwendig. Ich möchte, dass der Afrofuturismus eine neue Beziehung zum Schwarzen Körper herstellt. Dass er die Liebe oder Bewunderung vertieft, die wir dem Schwarzen Körper entgegenbringen, sodass wir uns seiner Vielfalt und Ausdruckskraft bewusst werden. Wenn man den Schwarzen Körper kennt und versteht, kennt und versteht man auch unsere Kultur, die Orte, an denen wir leben, die Art und Weise, wie wir in bestimmten Räumen existieren, wie wir sie aus Freude und zu unserem Vergnügen verändern. In Atlanta gibt es beispielsweise dieses Event namens Freak-Nik, ursprünglich von College-Student:innen initiiert, die sich an öffentlichen Orten trafen, feierten und eine tolle Zeit hatten. Als immer mehr Menschen zusammenkamen, wurde der Verkehr buchstäblich lahmgelegt, Brücken wurden blockiert.

RAUM – PLEASURE ACTIVISM

Durch FreakNik erhielten Straßen und Brücken plötzlich eine andere Bedeutung. Häufig versuchen wir, Institutionen neu zu denken, indem wir bei den Strukturen selbst ansetzen. Die Leute von FreakNik jedoch hatten nicht im Sinn, irgendwelche Räume neu zu gestalten. Sie wollten sich einfach treffen und feiern. Allein durch Freude, durch Spiel und Vergnügen schufen sie neue Vorstellungen des öffentlichen Raumes. Vielleicht setzen wir also, wenn wir bestimmte Dinge verändern wollen, am falschen Ausgangspunkt an. Oft fühlt es sich an wie eine akademische Übung. Wir sollten uns vielleicht einfach fragen, was wir an dem konkreten Ort eigentlich tun wollen. Welche Freude, welches Vergnügen könnten wir hier erleben? Dann erfinden wir ihn automatisch neu. Und das ist genau das, was der Afrofuturismus bewirkt: Wir müssen in diese andere Welt nur eintreten, und wenn wir das tun, finden wir heraus, wie es hier gegenwärtig aussieht, in unserem Alltagsleben.

Sie haben die meiste Zeit Ihres Lebens in Detroit gewohnt, wo Sie sich nicht nur künstlerisch, sondern auch politisch engagiert haben – 2017 haben Sie sogar als Bürgermeisterin kandidiert. Aber während wir dieses Gespräch führen, leben Sie in Johannesburg. Darf ich fragen, weshalb? Was hat Sie dorthin gebracht?

Ich wollte schon immer in Afrika leben. Ich komme seit über zwölf Jahren nach Johannesburg und entschied irgendwann, hier meine Zelte aufzuschlagen. Dafür gibt es viele Gründe. Einer davon ist, dass ich auf diesem Kontinent leben wollte, um alle seine Länder bereisen zu können. Ich liebe Afrika so sehr! Es gibt so viel zu lernen, man kann ein ganzes Leben damit verbringen. Zum zweiten liegt hier statistisch gesehen die Zukunft unseres Planeten. Im weltweiten Vergleich hat Afrika das rasanteste Bevölkerungswachstum mit dem größten Anteil an jungen Leuten. Es übertrifft darin sogar China oder die USA. Was aber bedeutet das konkret? Wie sieht es aus? Ich wollte hier sein, um die Entwicklung mitzuerleben.

Personen wie Beyoncé und Bewegungen wie Afrobeat stärken die kulturelle Verbindung zwischen Schwarzen Amerikaner:innen und Afrika. Daraus wird sich etwas wirklich Großartiges entwickeln. Jede Verbindung auf einer anderen Ebene, auch auf politischer, entsteht durch Kultur. Es kommen sehr viel mehr Schwarze Amerikaner:innen nach Afrika als früher. Ghana zum Beispiel gewährt vielen von ihnen seine Staatsbürgerschaft – das an sich ist schon erstaunlich. Wir verdienen jetzt mehr Geld, wir haben Zeit, und zudem gibt es viele Möglichkeiten zu arbeiten, ohne vor Ort im Büro zu sein. Deshalb bin ich sehr gespannt darauf, die Zukunft der afrikanischen Diaspora in Afrika mitzuerleben, zu sehen, was wir dort aufbauen können. Darin liegt die wahre Afrofuture, hier und jetzt. Sie fordert uns auf, wahrhaftig zusammenzuarbeiten, starke Grundlagen zu erschaffen, die uns tragen können. Insbesondere wenn Studien prognostizieren, dass in den Vereinigten Staaten im Jahr 2053 unser mittleres Einkommen bei Null liegen wird. Es gibt eine Menge dieser grauenvollen Statistiken, die wir uns durchaus anschauen sollten, ohne aber daraus auf unsere Zukunft zu schließen. Die statistischen Vorhersagen könnten helfen, sie könnten beispielsweise den Prozess beschleunigen, mehr wirtschaftliche Gestaltungsmöglichkeiten im Zusammenspiel von Afrika und der afrikanischen Diaspora zu schaffen. Und auf dieser Grundlage gelingt es uns hoffentlich, etwas Neues für uns hervorzubringen. Wir haben inzwischen verstanden, dass wir nicht an bestimmten Orten bleiben müssen. Ich will nicht sagen, dass wir alle weggehen, die Vereinigten Staaten verlassen sollten, wir können jedoch Auszeiten nehmen. Wir müssen uns den Mikroaggressionen nicht aussetzen, die unseren Alltag bestimmen, dem systemischen und räumlich evidenten Rassismus, wie ich ihn tagtäglich in Detroit beobachtete. Wir können gehen. Für mich hat es heilend gewirkt, die Vereinigten Staaten nicht mehr als Lebensmittelpunkt zu haben. Ich denke, alle Amerikaner:innen sollten an irgendeinem Punkt diese Erfahrung machen, einfach um zu sehen, wie es ist.

Ich habe den Eindruck, dass Schwarze Frauen in Bereichen wie Literatur, Theorie, Aktivismus und Kunst endlich mehr Sichtbarkeit erhalten, in Institutionen, die vornehmlich durch die Sicht *weißer* Menschen geprägt sind. Ich persönlich habe viel dadurch gelernt. Würden Sie mir zustimmen, dass es eine neue Sichtbarkeit gibt? Oder ist das nur meine persönliche Wahrnehmung?

Ich verstehe, was Sie meinen. Ich habe noch nicht so intensiv darüber nachgedacht, für mich ist es normal, dass Schwarze Frauen immer an vorderster Front stehen. Wir verschaffen uns Gehör, wir gehen immer an die Grenze, Frauen allgemein. Wir denken an unsere Kinder, wir denken an die Generationen, die nach uns kommen, und wir respektieren die Vergangenheit. Heute haben wir all diese unterschiedlichen Plattformen, um uns Gehör zu verschaffen. Wir verfügen über mehr Geld und mehr Macht, was die Situation wirklich verändert.

KOLLABORATION

Wir haben keine Angst mehr, unsere Meinung zu äußern, wir haben keine Angst mehr davor, welche Strafe oder welche Gegenreaktionen sie hervorrufen könnte. Wir wissen, dass wir auf die Unterstützung anderer zählen können. Das Internet hat viel verändert. Es hat uns wirklich geholfen, einander zu finden und uns gegenseitig zu unterstützen – in all unseren Anliegen, in all unseren Träumen, in all unserem Widerstand. Es ist faszinierend, das mitzuerleben. Wir müssen nicht mehr im Alleingang mutig sein.

Wir haben keine Angst mehr, unsere Meinung zu äußern, wir haben keine Angst mehr davor, welche Strafe oder welche Gegenreaktion sie hervorrufen könnte.

Glossar

ANFÄNGE

„Ich weiß ja selbst auch nicht besser, wie das ginge: Die Dinge, die ich beschreibe, mir nicht zu nehmen, sie nicht haben zu wollen und sie zu schmälern, so eindeutig zu bestimmen, sondern sie im Gegenteil noch freier und unabhängiger zu machen, als sie es waren, bevor ich zum ersten Mal ein Auge auf sie warf." Dorothee Elmiger, *Aus der Zuckerfabrik* (München: Carl Hanser Verlag, 2020), 155.

DRAMATURGIE

„Die Dramaturgie beschreibt den roten Faden, den philosophischen Inhalt oder die Logik, die es dem Publikum ermöglichen, die unterschiedlichen Anhaltspunkte, die man ihm gibt, anzunehmen und zu einem kohärenten Ganzen zusammenzufügen, das Verbindungen zu anderen Bezugspunkten und Kontexten in der Welt im Allgemeineren eröffnet." Jonathan Burrows, *A Choreographer's Handbook* (London / New York: Routledge, 2010), 46.

GESPENSTER

1 „Doch entsteht nicht auch durch Bewegungen eines Lebewesens, wenn es um eine Ecke biegt oder durch einen Türspalt schlüpft, so etwas wie ein Fluss oder eine Strömung? Besonders, wenn die Bewegung sich Tag für Tag wiederholt? Immer wieder, sodass dieser Fluss, so klein er auch sei, sich zu einem großen Strom entwickelt?" Takashi Hiraide, *Der Gast im Garten* (Berlin: Insel Verlag, 2015), 23.

2 „Trauer ist ein Weg, um verwickeltes Leben und Sterben zu verstehen; wir Menschen müssen mit-trauern, weil wir von und im Gewebe der Zerstörung leben. Ohne uns dauerhaft zu erinnern, können wir nicht lernen, mit den Gespenstern zu leben, und wir können auch nicht denken." Donna Haraway, *Unruhig bleiben. Die Verwandtschaft der Arten im Chthuluzän* (Frankfurt am Main: Campus Verlag, 2018), 58.

KÜNSTLICHE INTELLIGENZ

„Was, wenn der Kapitalismus die Kultur ist? [...] Was, wenn die Nullen und Einsen nur das immer gleiche Programm von Kapital und Proletariat, Phallus und *seinem* Anderen, Weißem und Nichtweißem abspulen? Wenn KI nur der letzte Schrei des Kapitals ist? Es gibt natürlich die Hoffnung, dass die künstliche Intelligenz vielleicht, wenn sie mit Quantencomputern läuft, selbst feststellen könnte, dass Kapitalismus keinen Sinn ergibt." Luise Meier, *MRX-Maschine* (Berlin: Matthes & Seitz, 2018), 55–56.

MENSCH

Höchstentwickeltes gesellschaftliches Lebewesen mit der Fähigkeit zu arbeiten und zu denken, ahd. *mennisco* m. ‚Mensch' (8. Jh.), mhd. *mensche*, *mensch* m. n. ‚Mensch, Mädchen, Buhlerin, Magd, Knecht, das menschliche Geschlecht' [...] sind aus einer Substantivierung des in ahd. *mennisc* (um 800), mhd. *mennisch*, ‚menschlich, mannhaft' [...] vorliegenden Adjektivs germ. **manniska* hervorgegangen, einer Ableitung von dem unter Mann behandelten Substantiv. „Mensch", *Etymologisches Wörterbuch des Deutschen* (1993), abgerufen am 03. 03. 2022.

www.dwds.de/wb/etymwb/mensch

PLEASURE ACTIVISM

„Pleasure Activism bedeutet letztendlich zu lernen, Gerechtigkeit und Befreiung zu den lustvollsten Erfahrungen zu machen, die wir auf diesem Planeten haben können." Adrienne Maree Brown, *Pleasure Activism. The Politics of Feeling Good* (Edinburgh: AK Press, 2019), 13.

RAUM

„Es heißt: die Tiefe des Raumes. Aber fühlen wir nicht, daß in einem ‚tiefen Raum' die Tiefe nicht allein eine räumliche Eigenschaft ist? Ist sie nicht eher, wie Merleau-Ponty so trefflich sagt, eine allgemeinere ‚raumzeitliche Form des Empfindens' […]? Denn beim Betrachten des nächtlichen Himmels zum Beispiel hängt das tiefe Feld unserer Erfahrung nicht nur von der Tiefenschärfe unseres Blicks oder des Kameraobjektivs ab, sondern wir haben es mit einem Raum zu tun, der sich bewegt, der bewegt wird von Zeitwellen. Und dieses rhythmische Hin und Her nun hat etwas von einer nächtlichen Melodie […]." Georges Didi-Huberman, „Der Raum tanzt," in *Topos Raum. Die Aktualität des Raumes in den Künsten der Gegenwart*, Hg. Angela Lammert, Michael Diers, Robert Kudielka und Gert Mattenklott (Nürnberg: Verlag für moderne Kunst Nürnberg, 2005), 16–17.

SPRACHE

1 „‚Wenn *ich* ein Wort gebrauche', sagte Goggelmoggel in recht hochmütigem Ton, ‚dann heißt es genau, was ich für richtig halte – nicht mehr und nicht weniger.'" Lewis Carroll, *Alice hinter den Spiegeln*. (Frankfurt am Main: Insel Verlag, 1974), 88.
2 „Ich erinnere mich, wie ich ein Wort sagte, dessen Bedeutung ich nicht kannte, aber irgendwie erahnte, irgendwie erspürte, und wie ich dieses Wort dann in einen Satz einfügte, ausprobierte, wie es in den Kontext und in die Syntax passte oder sich daran rieb, und es gewissermaßen auf der Zunge hin- und herrollte." Ben Lerner, „Warum hassen wir Lyrik?," in *Das Neue Alphabet Band 1,* Hg. Bernd Scherer (Leipzig: Spector Books, 2021), 79.

TECHNOLOGIE

„Genau wie Elektromotoren in den Hintergrund des tagtäglichen Lebens gerückt sind, stellen sich PARC-Wissenschaftler eine Zukunft vor, in der mobile Computer ähnlich transparent sein werden. […] Sie sind mobil, sie kennen ihren Standort, und sie kommunizieren mit ihrer Umgebung." Xerox Palo Alto Research Center's (PARC) Computer Science Laboratory (CSL), „Ubiquitous Computing – Xerox PARC circa 1991", Video, 00:20, abgerufen am 14. 03. 2022.

www.youtube.com/watch?v=b1w9_cob_zw

UMWEGE

Es gilt, den Gang der Darstellung selbst zu einem Modus der Bewegung zu machen: „Er gleicht eher dem Tasten und Herumgehen als dem zielstrebigen Weg von A nach B. Ihm liegt schon die alte Einsicht zugrunde, dass man auf Umwegen häufig mehr erfährt als auf dem kürzesten Weg." Karl Schlögel, *Im Raume lesen wir die Zeit. Über Zivilisationsgeschichte und Geopolitik* (Frankfurt am Main: Fischer Verlag, 2007), 11.

Biografien

ESTHER BOLDT

Esther Boldt studierte in Gießen Angewandte Theaterwissenschaft. Sie lebt in Frankfurt am Main und arbeitet als Autorin, Tanz- und Theaterkritikerin u. a. für *nachtkritik.de, Theater heute, tanz – Zeitschrift für Ballett, Tanz und Performance* und den *Hessischen Rundfunk*. Von 2005 bis 2018 war sie Theaterredakteurin des Stadtmagazins *Journal Frankfurt*. Zudem war und ist sie in zahlreichen Jurys tätig, verfasst Essays über zeitgenössische Ästhetik und unterrichtet an den Universitäten in Frankfurt und Mainz Theaterkritik. Seit 2019 leitet sie gemeinsam mit Philipp Schulte die Akademie für zeitgenössischen Theaterjournalismus.

STEFAN HILTERHAUS

Stefan Hilterhaus ist seit 2002 Künstlerischer Leiter des Produktionshauses PACT Zollverein, das er als Initiator der im gesamten Ruhrgebiet seit 1998 agierenden Tanzlandschaft Ruhr mitgründete. Nach einer Bootsbauerlehre und dem Studium der Geschichte und Romanistik diplomierte er an der Folkwang Universität der Künste mit Graduiertenstipendium. Er arbeitete als Regisseur, Performer, Choreograf und Kurator und engagierte sich u. a. als Mentor für die Kulturhauptstadt 2010, im Kuratorium der Kunststiftung NRW und in der Konzeption für das Pina Bausch Zentrum in Wuppertal. Er war und ist Mitglied verschiedener Beiräte, Kuratorien und Jurys, u. a. am Goethe-Institut, im Bündnis Internationaler Produktionshäuser, im HMKV Dortmund und dem Arbeitskreis Deutscher Internationaler Residenzprogramme (ADIR).

PROF. DR. ROSI BRAIDOTTI

Rosi Braidotti ist Philosophin und emeritierte außerordentliche Professorin an der Universität Utrecht. 2021/2022 erhielt sie den Humboldt-Forschungspreis. Zu ihren wichtigsten Veröffentlichungen zählen „Posthumanismus. Leben jenseits des Menschen“, „Posthuman Knowledge“, „Posthuman Feminism“, „Nomadic Subjects“ und „Nomadic Theory“. Mit dem Early Music Festival verbindet sie eine jahrelange Zusammenarbeit; in ihren Veröffentlichungen und Vorlesungen arbeitet Braidotti oft mit Beispielen aus der Popmusik und der klassischen Musik.

PROF. DR. GABRIELE GRAMELSBERGER

Gabriele Gramelsberger ist Professorin für Wissenschaftstheorie und Technikphilosophie an der RWTH Aachen. Als promovierte Philosophin forscht sie zum Wandel von Wissenschaft und Gesellschaft durch den Computer. Dabei steht insbesondere die Nutzung von Computern als Forschungs-, Experimentier- und Prognoseinstrumente der Wissenschaft im Fokus ihrer Forschung. Sie führte umfangreiche Studien zur Klimamodellierung und Simulationen in der Zellbiologie durch und beschäftigt sich aktuell mit dem maschinellen Lernen als neuer Form der Wissensproduktion. 2018 gründete sie das Computational Science Studies Lab. Seit 2021 ist sie Direktorin des Aachener Käte Hamburger Kollegs „Kulturen des Forschens“, welches vom Bundesministerium für Bildung und Forschung gefördert wird.

TIM ETCHELLS

Tim Etchells verbindet Performance, bildende Kunst und Literatur. Seit ihrer Gründung im Jahr 1984 ist er künstlerischer Leiter der weltbekannten, in Sheffield ansässigen Performancegruppe Forced Entertainment. Seine Arbeiten im Bereich der Bildenden Kunst wurden weltweit in namhaften Institutionen ausgestellt. Etchells hat mit Musiker:innen, Künstler:innen und Performer:innen wie Meg Stuart / Damaged Goods, Marino Formenti, Taus Makhacheva s. https://m12.manifesta.org/taus-makhacheva/index.html, Vlatka Horvat und Aisha Orazbayeva kollaboriert. 1999 erschien seine vielgelobte Monografie „Certain Fragments“ (Routledge) zu zeitgenössischer Performance und Forced Entertainment. Zuletzt veröffentlichte er „Endland“, „Vacuum Days“ und „While You Are With Us Here Tonight“. 2019 erhielt er den Manchester Fiction Prize.

INGRID LAFLEUR

Ingrid LaFleur ist Kuratorin, Künstlerin, Afrofuturistin und Pleasure-Aktivistin. Sie setzt sich über die Grenzen der Disziplinen hinweg in Kunst, Technologie, Bildung, Sozialwirtschaft und Finanzwesen für die Erforschung und Umsetzung zukunftsorientierter Lösungen ein. Seit über zwanzig Jahren ist sie Teil der kulturellen Bewegung des Afrofuturismus, dessen Entwicklung sie seit seiner Entstehung begleitet. LaFleur hält regelmäßig Vorträge und leitet Workshops, u. a. im Centre Pompidou (Paris), New Museum for Contemporary Art in New York, an der Harvard University und der Oxford University sowie bei TEDx Brooklyn. 2020 gründete sie The Afrofuture Strategies Institute, das die künftigen Auswirkungen neuer Technologien auf Schwarze Körper erforscht und ethisch fundierte Alternativen mitgestaltet. LaFleur lebt und arbeitet in Johannesburg, Südafrika.

Luiza Prado de O. Martins

TOO MANY!

Luiza Prado de O. Martins verbindet in „Too Many!" Dokumente und Berichte aus den 1960er und 1970er Jahren, die belegen, wie westliche Großunternehmen Programme zur Populationskontrolle in Brasilien forcierten und somit eklatant in reproduktive Rechte eingriffen, mit Fotografien aus dem Jahr 2019. Aufgenommen bei Protesten gegen das Bolsonaro-Regime in Rio de Janeiro, zeugen sie vom Fortbestand zivilen Widerstands in Brasilien.

In "Too Many!" Luiza Prado de O. Martins brings together documents and reports from the 1960s and 1970s which prove how large Western companies pushed for population control programs in Brazil and how blatantly they sought to intervene in the area of reproductive rights, with photographs from 2019. Taken at protests in Rio de Janeiro against the Bolsonaro regime, they these photographs witness to the continued existence of civil resistance in Brazil.

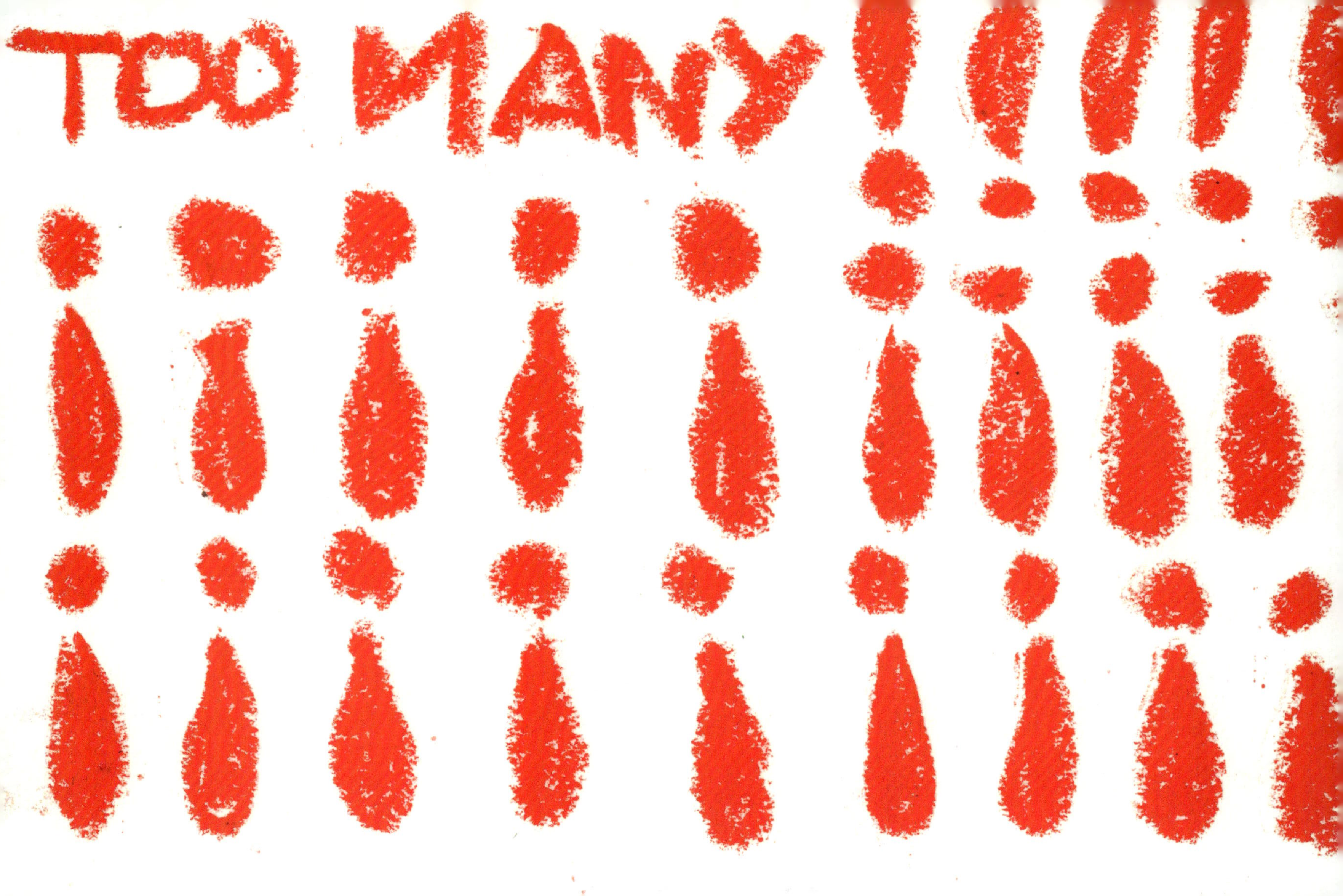
TOO MANY

THE UN/DEAD
ARE MARKED FOR
EXTINCTION/ANNIHILATION
THROUGH ACTS OF
REPRODUCTIVE SURVEILLANCE

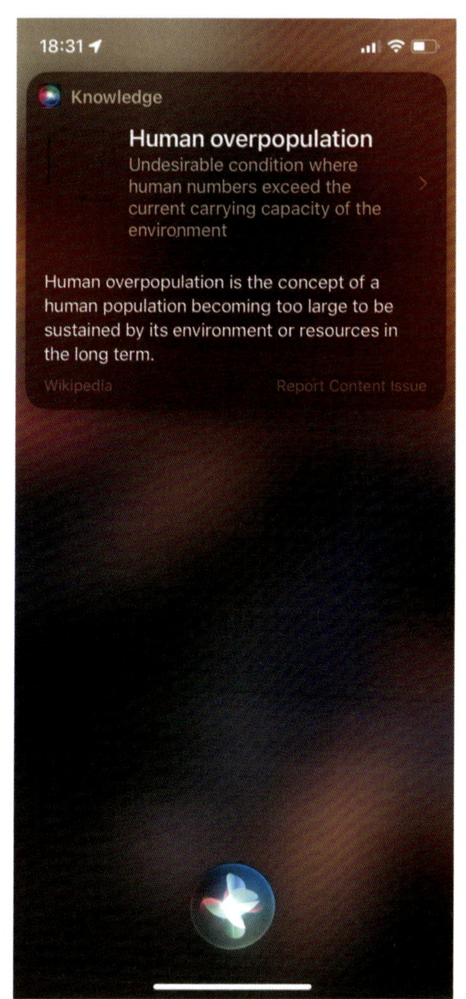

FORD FOUNDATION POPULATION PROGRAM IN BRAZIL

THE BRAZILIAN ENVIRONMENT

Foundation staff assign a high priority to assisting Brazil to understand and devise policies to meet its "population problem". Brazil's population, which was 71,000,000 at the time of the 1960 census, is currently estimated at more than 95,000,000 and is increasing at a rate of about three percent per year. Along with rapid population growth, marked, but only partially understood, rural-to-rural and rural-to-urban migrations are occurring. At the points of origin and conclusion of these migratory streams, population pressure has contributed to conditions of severe poverty. From the begrudging soil of the parched Northeast to the favelas of the urban south, measures taken to alleviate the human misery are dispersed on an ever-increasing body of sufferers.

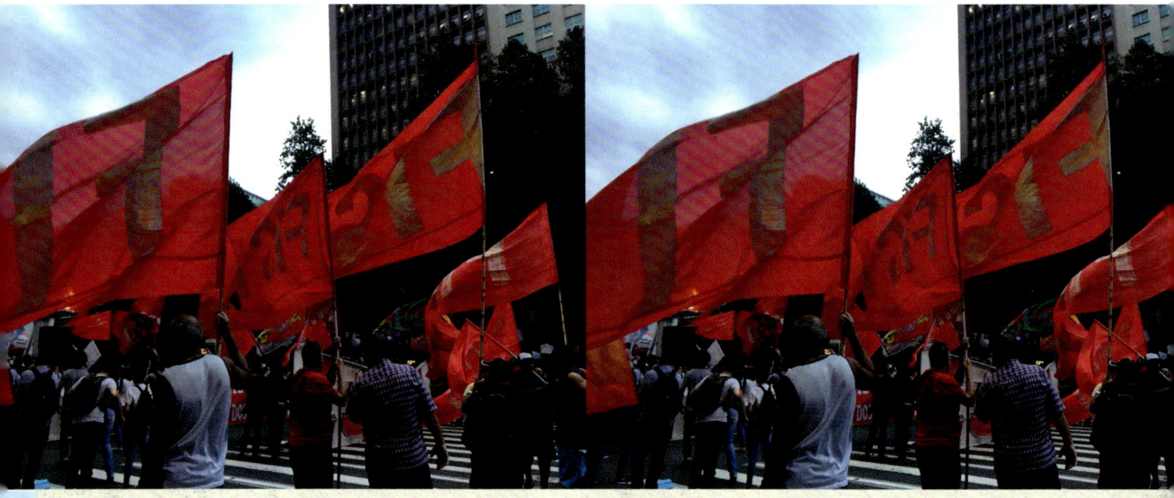

- 2

Seemingly undismayed that their wor
same position with more eloquence,
Minister of the Interior and presid
Lima, proudly point to the vast, va
"go west young hordes" slogan.

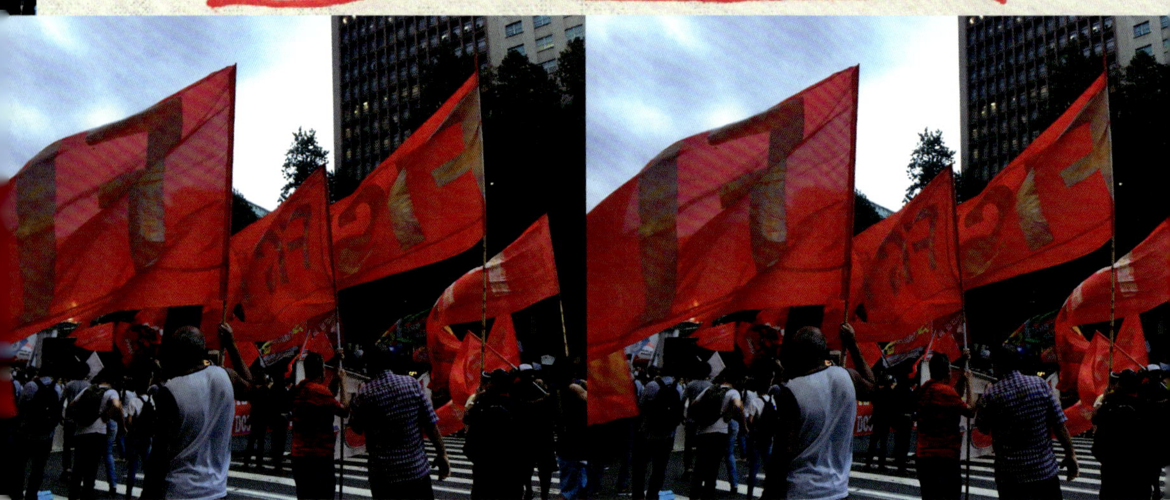

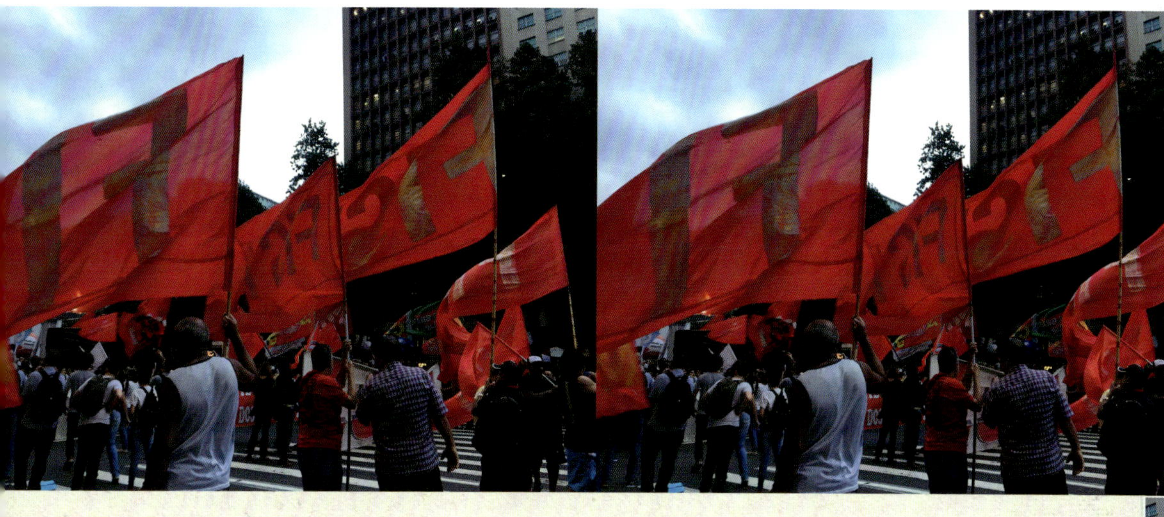

enemy, the communists, espouse the
nationalist right, led by former
ial candidate General Albuquerque
t space in the interior with a

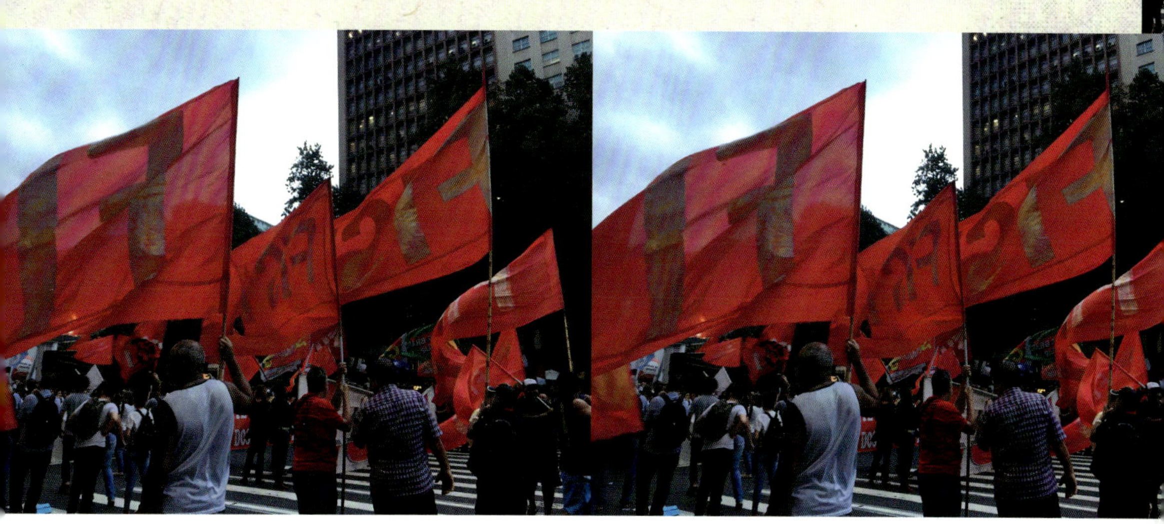

THE UN/DEAD – THOSE
WHOSE RIGHT TO LIVE
AND DIE IS PREEMPTIVELY
NEGATED – ARE REMOVED
THROUGH THE ENACTMENT OF
THE FANTASIES OF OBLITERATION
OF THE COLONIZER

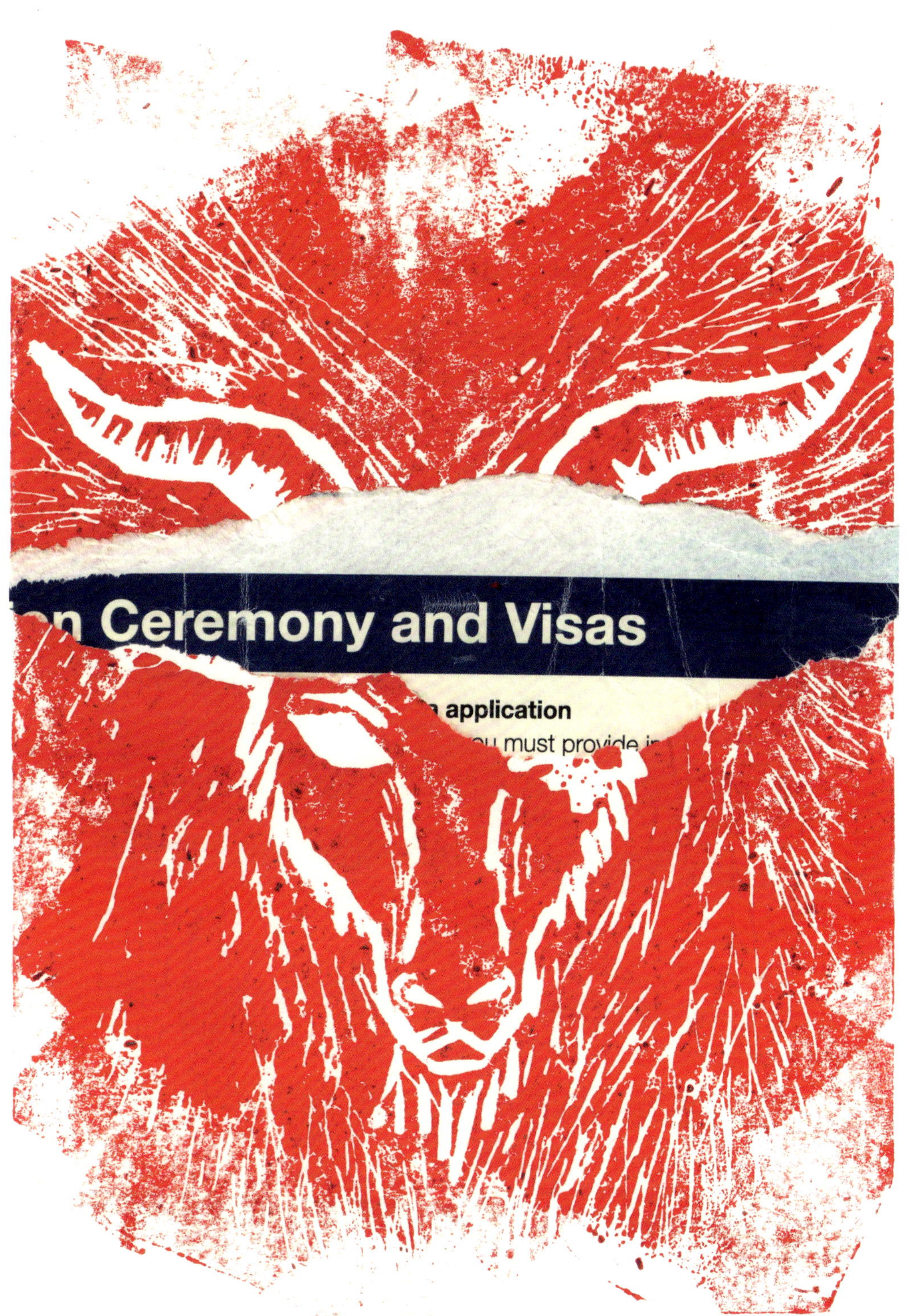
Ceremony and Visas
application
must provide

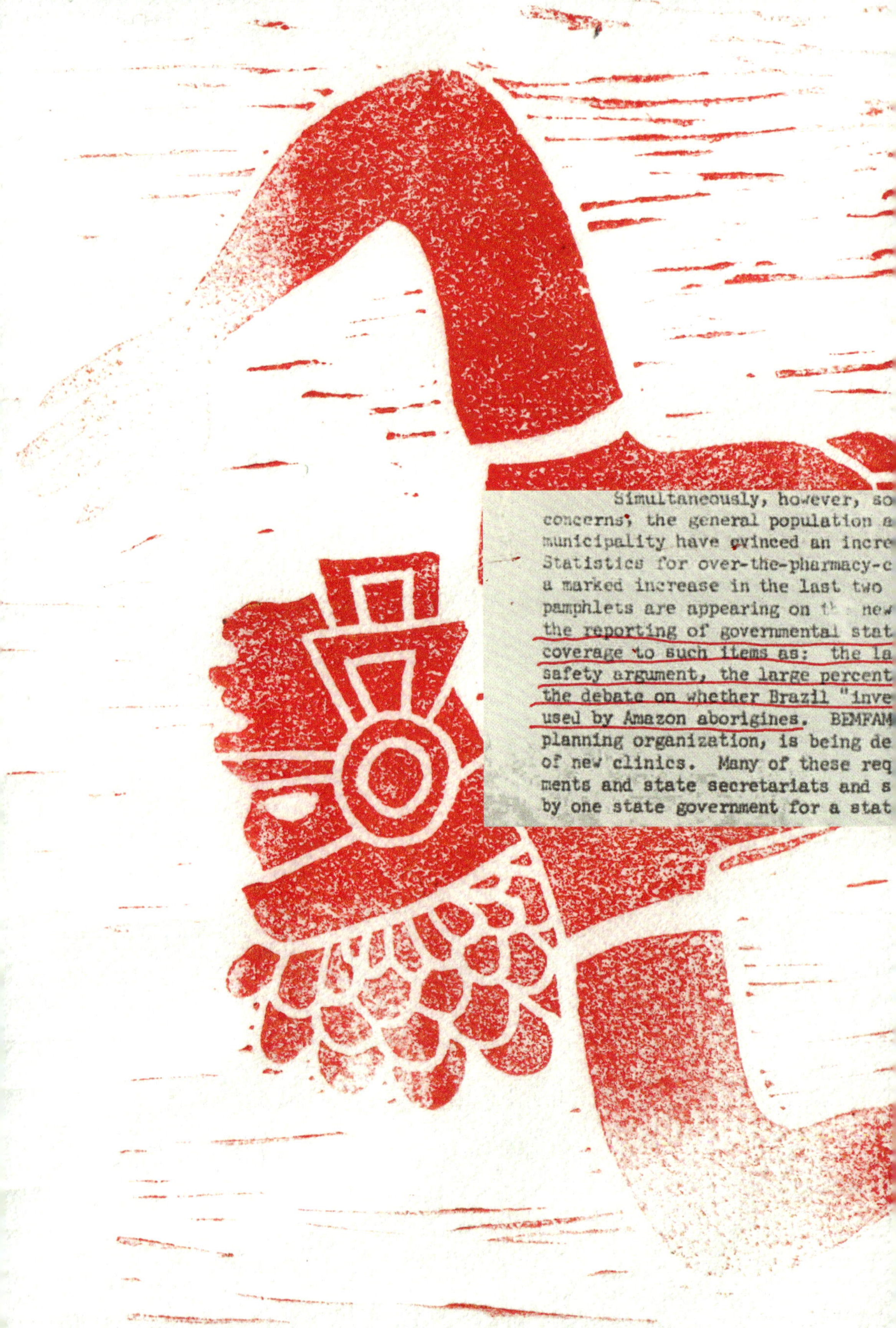

Simultaneously, however, so
concerns, the general population a
municipality have evinced an incre
Statistics for over-the-pharmacy-c
a marked increase in the last two
pamphlets are appearing on th new
the reporting of governmental stat
coverage to such items as: the la
safety argument, the large percent
the debate on whether Brazil "inve
used by Amazon aborigines. BEMFAM
planning organization, is being de
of new clinics. Many of these req
ments and state secretariats and s
by one state government for a stat

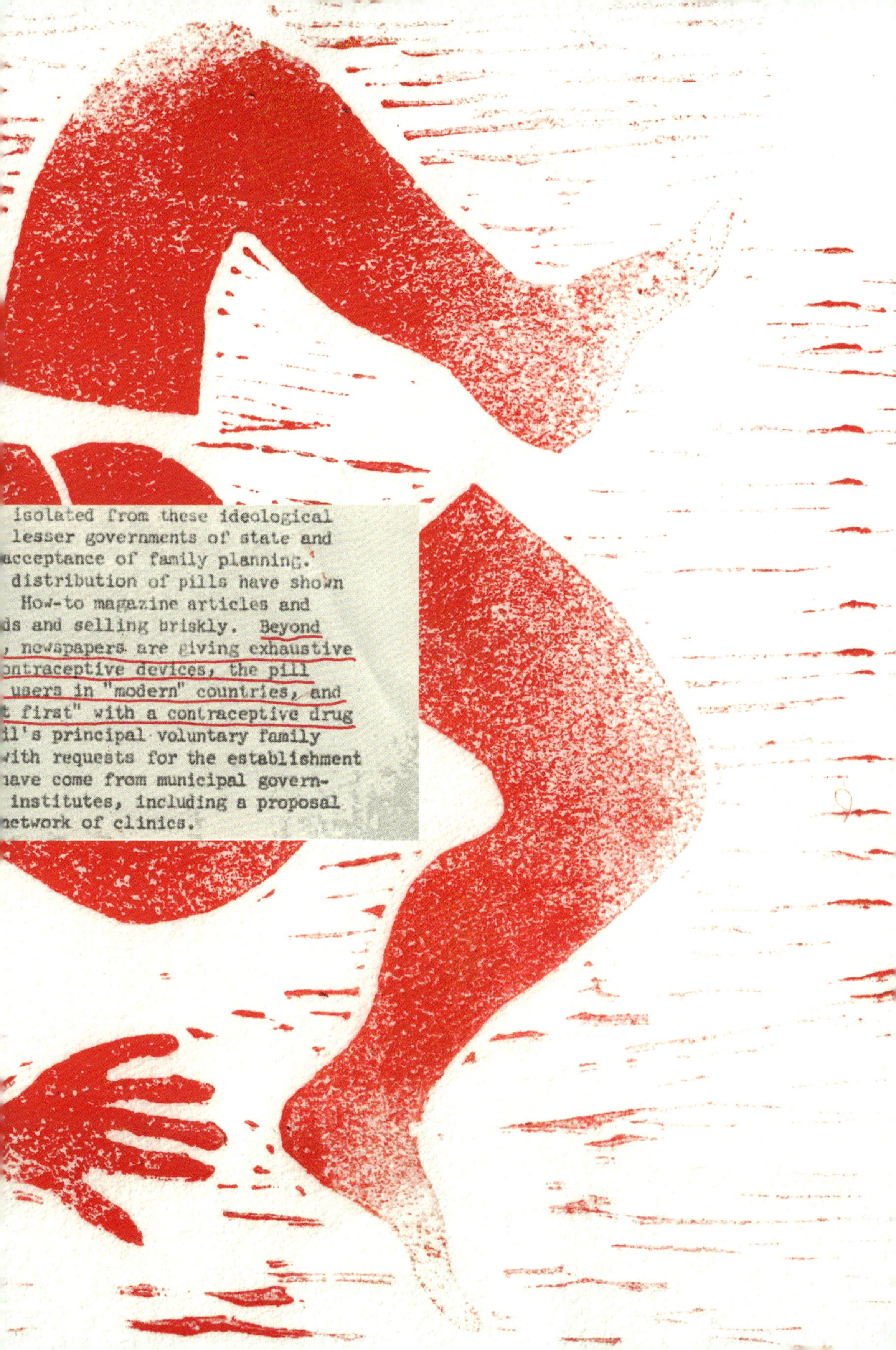

isolated from these ideological
lesser governments of state and
acceptance of family planning.
distribution of pills have shown
How-to magazine articles and
ds and selling briskly. Beyond
, newspapers are giving exhaustive
ontraceptive devices, the pill
users in "modern" countries, and
t first" with a contraceptive drug
il's principal voluntary family
with requests for the establishment
have come from municipal govern-
institutes, including a proposal
network of clinics.

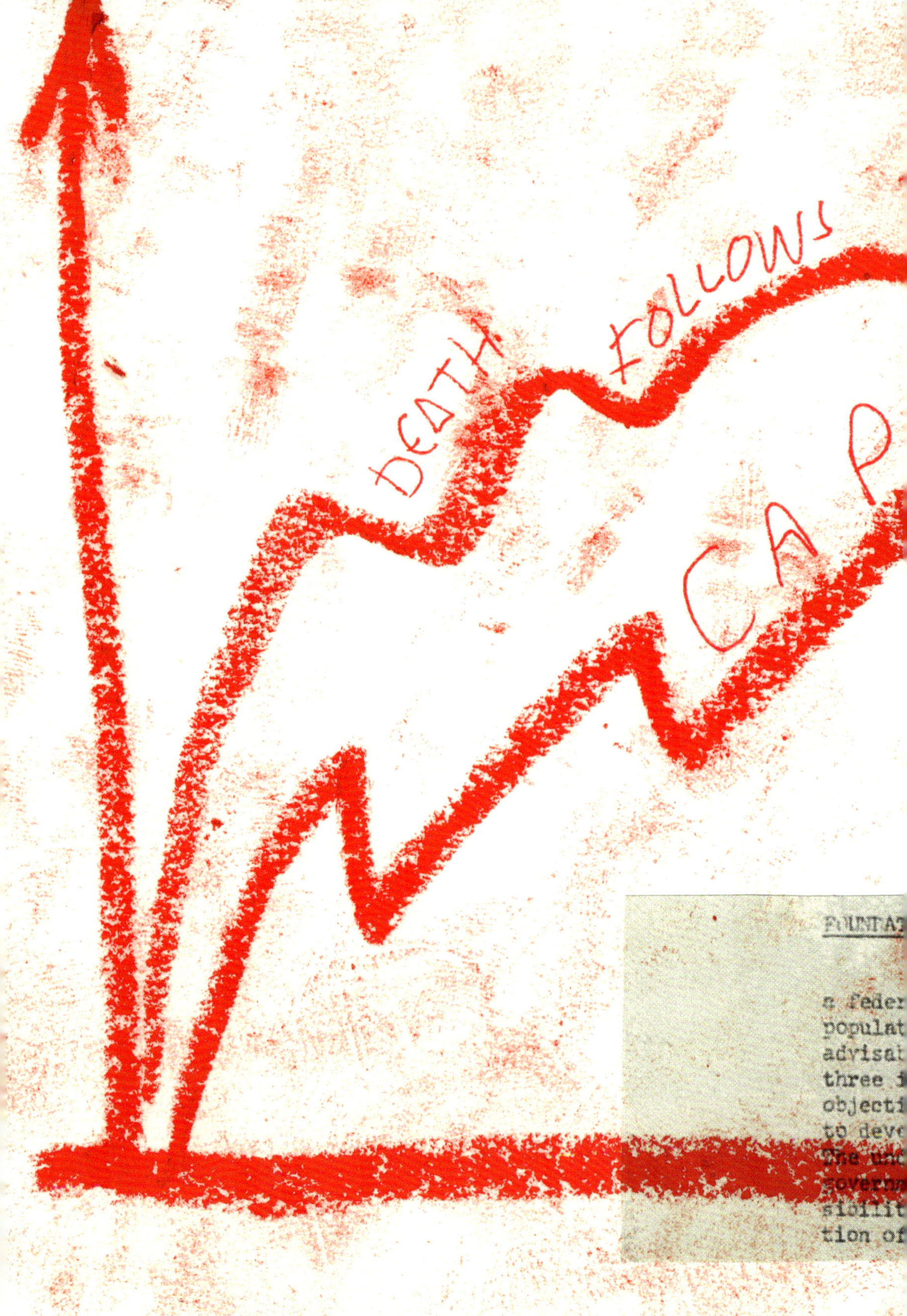
DEATH FOLLOWS
CAP
FOUNDAT
a feder
populat
advisal
three i
objecti
to deve
The und
governm
sibilit
tion of

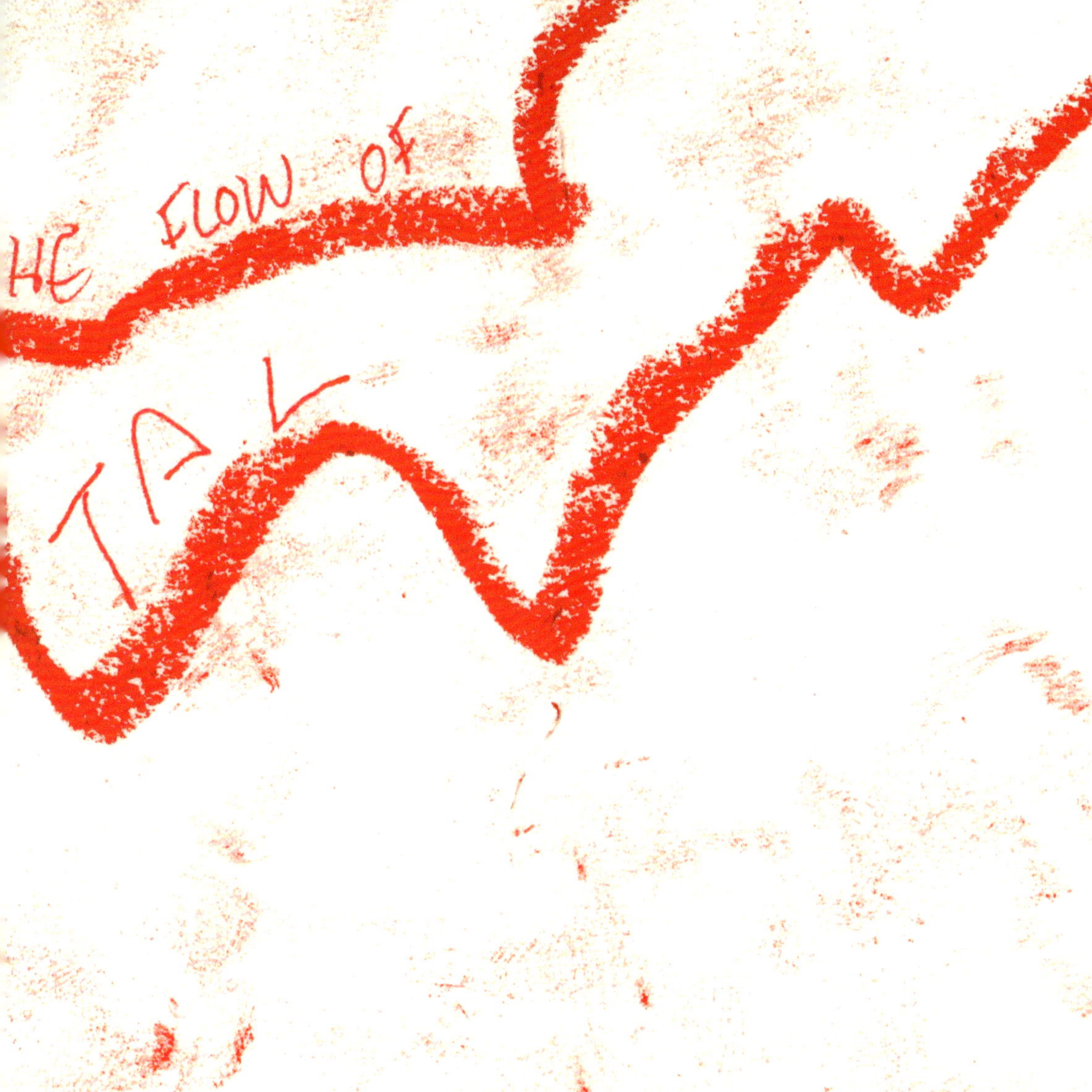

ECTIVE AND STRATEGIES

ght of the uncertain ambience due to the lack of definition of
licy toward, and the resultant paucity of funds for, Brazilian
rograms, the Ford Foundation, Brazil office, has found it in-
focus its assistance on a single program line. Instead,
related strategies are required to meet the Field Office's
o increase Brazilian awareness of its population problem and
he capacity of Brazilians to devise policies to confront it.
ng assumptions are that increased awareness will facilitate
recognition of family planning as a legitimate public respon-
that better training will enable the identification and prepara-
e who will develop the program to correspond with the recognition.

THE UN/DEA

IS EXCESSIVE

COLONIAL LO

THAT THIS

MUST BE

SUBJECT

BEMFAM, a voluntary family planning organization, is Brazil's affiliate of the International Planned Parenthood Federation (IPPF). It was established in 1965 by a group of Brazil's leading gynaecologists and obstetricians, led by Dr. Octávio Rodrigues Lima, of the Federal University of Rio de Janeiro. Under the capable direction of Dr. Walter Rodrigues, BEMFAM currently operates approximately 50 clinics serving some 65,000 acceptors in 14 of Brazil's 22 states. In addition to its clinics BEMFAM has sponsored 11 month-long courses on family sociology for nearly 500 Brazilians directly or indirectly involved in family planning and five national seminars with participants drawn from the medical profession, politics, public administration, and the clergy. BEMFAM also publishes a widely-circulated monthly newsletter summarizing developments relating to family planning in Brazil.

AND

IC DICTATES

EXCESS

REMOVED.

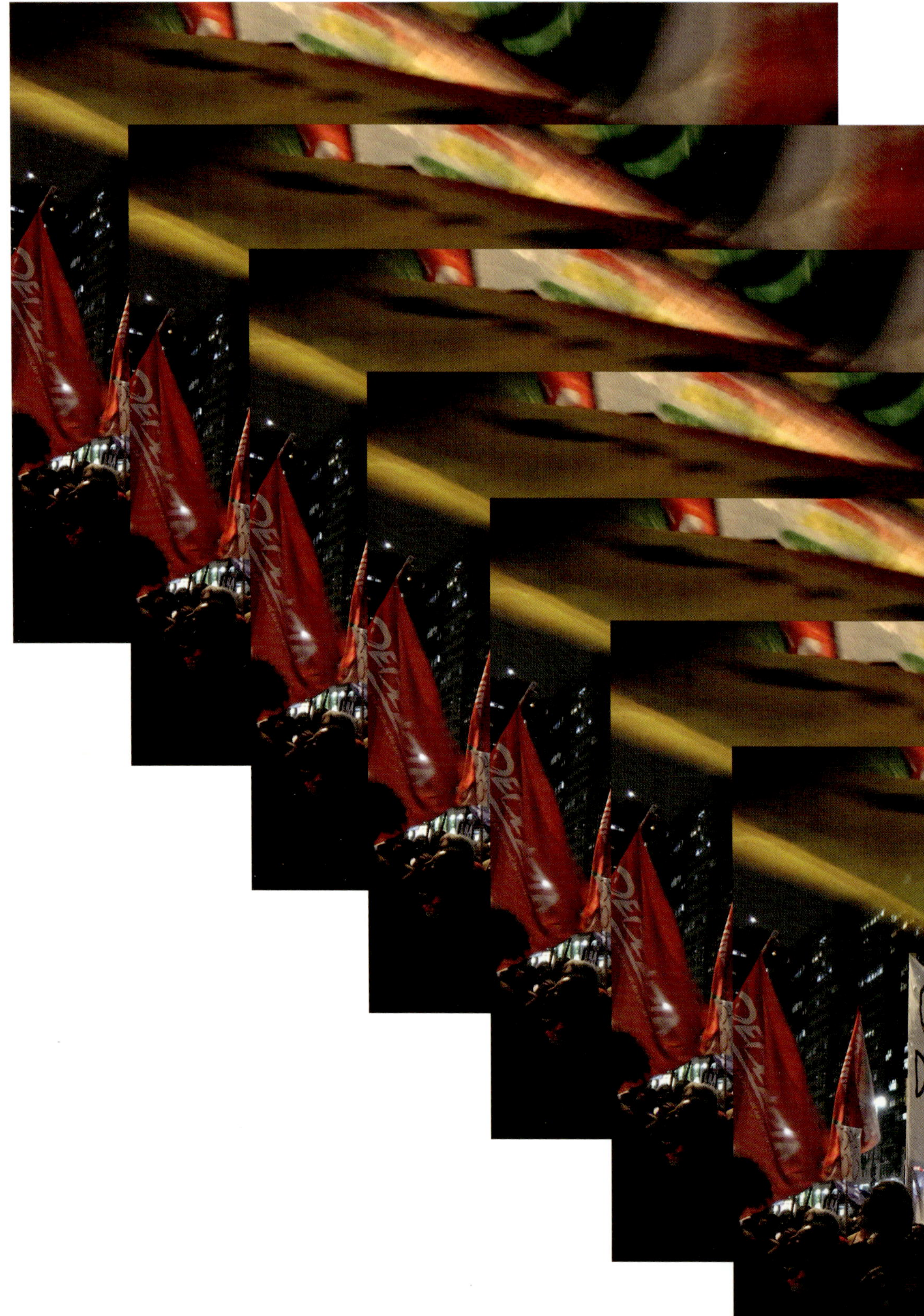

Close monitoring of the Foundation-supported activities in BEMFAM will be required while the organization suffers from the organizational growing pains resulting from its increasing popularity. Further Foundation assistance is likely in such areas as evaluation or information and motivation and in brokering for additional funds from other sources. (Presently, negotiations are being conducted with Population Council for assistance to a university post-partum motivation program to be operated jointly with BEMFAM.)

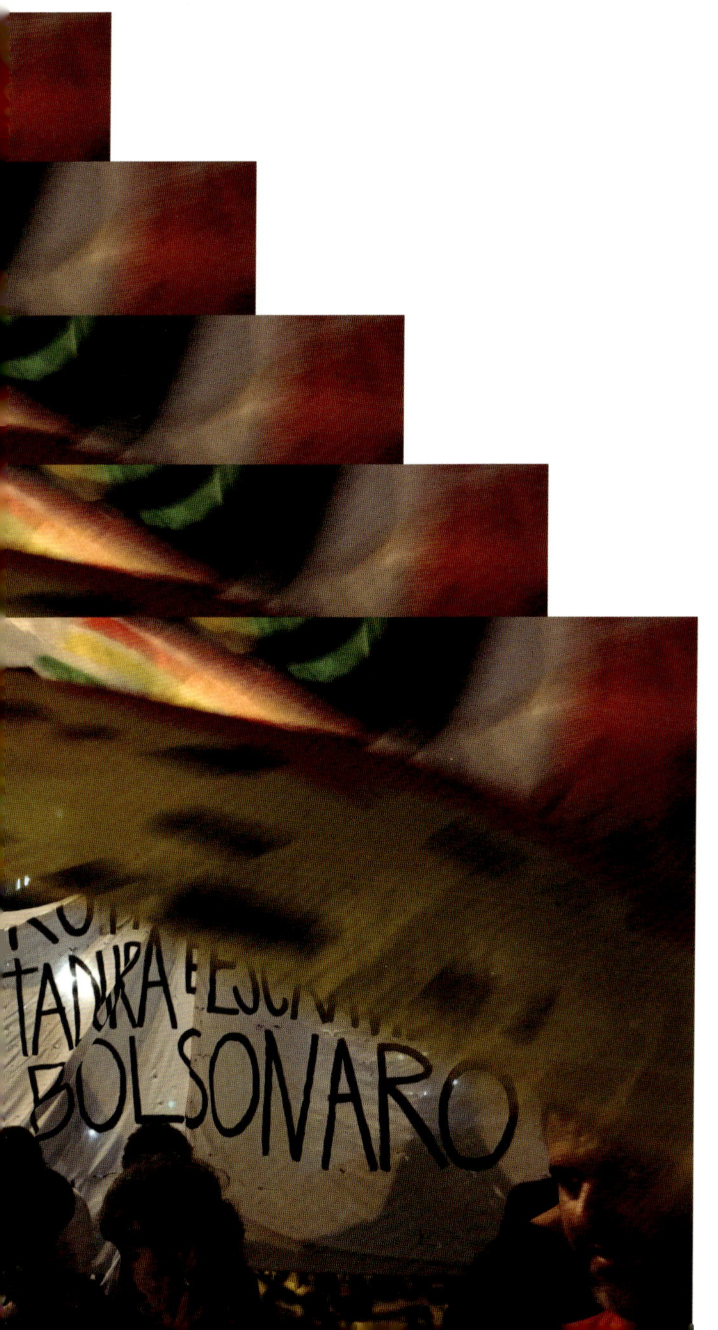

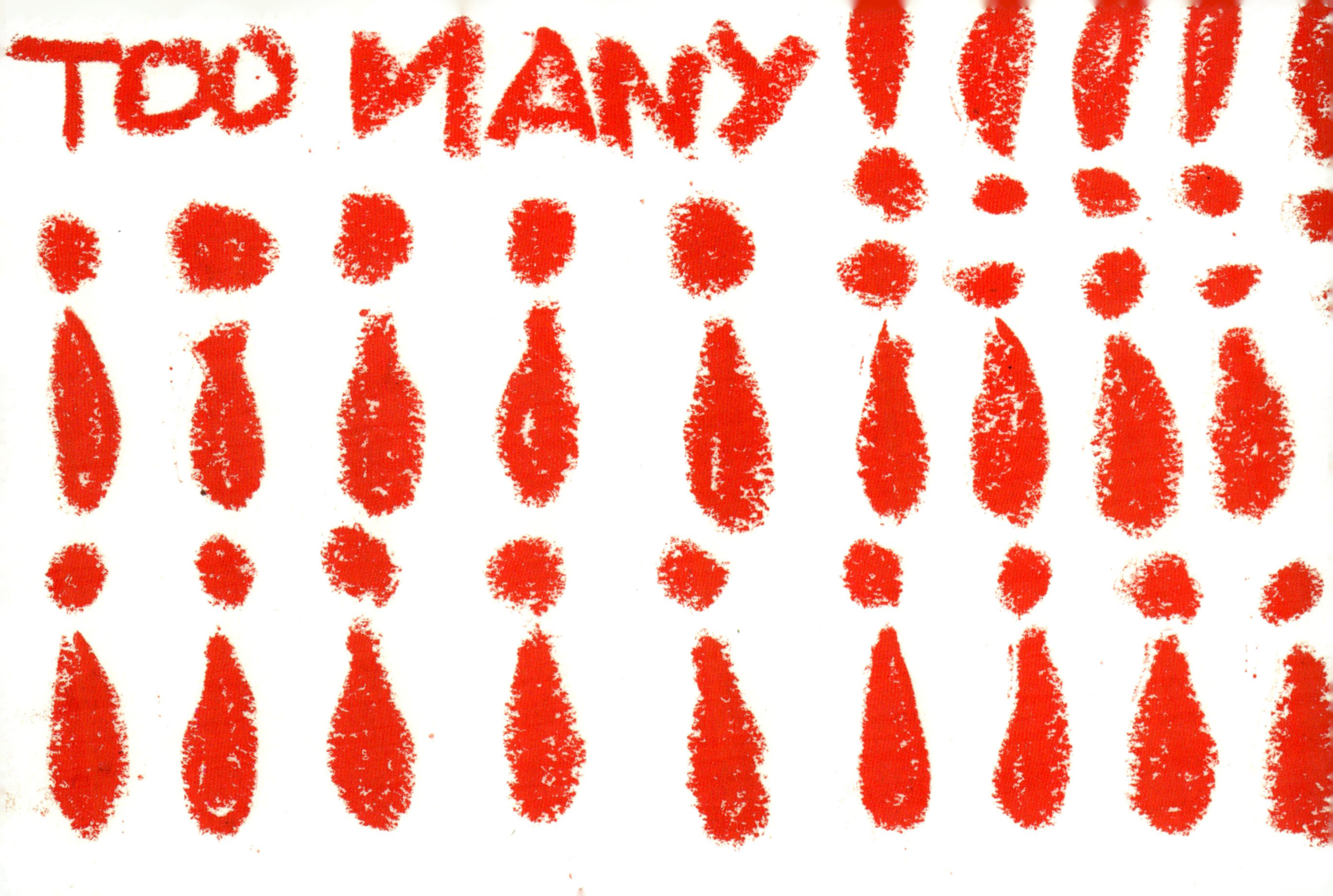
TOO MANY

DR. LUIZA PRADO DE O. MARTINS

Luiza Prado de O. Martins ist Künstlerin, Autorin, Pädagogin und Wissenschaftlerin und forscht zur Beziehung von Mensch und Pflanze sowie zu Empfängnisverhütung, Pflanzenheilkunde und zur Dekolonialisierung radikaler Care-Arbeit. Insbesondere setzt sie sich mit der Kontrolle von Fruchtbarkeit und Reproduktion als biopolitischem Instrument kolonialer Hierarchien auseinander. Ihr aktuelles künstlerisch-wissenschaftliches Rechercheprojekt „A Topography of Excesses" untersucht Begegnungen zwischen menschlichen und pflanzlichen Wesen im Kontext pflanzlicher Medizin und mit Blick auf Praktiken der Fürsorge. Prado de O. Martins war 2021 Teil des Kuratoriums der transmediale und ist Assistenzprofessorin und stellvertretende Leiterin des Centre for Other Worlds der Lusófona Universität in Lissabon sowie Teil des Künstler:innenduos We Work in the Dark und Gründungsmitglied von Decolonising Design.

Luiza Prado de O. Martins is an artist, writer, educator, and researcher investigating plant-human relations, reproduction, herbal medicine, and radical, decolonizing care. In her work, she approaches control over fertility and reproduction as being a foundational gesture for the establishment of colonial hierarchies. Her ongoing artistic research project, "A Topography of Excesses," looks at encounters between human and plant beings in herbal medicine through the lens of radical care. She was part of the curatorial board for transmediale 2021 and an assistant professor and vice-director of the Centre for Other Worlds at the Lusófona University in Lisbon. She is one half of the artist duo We Work in the Dark and a founding member of Decolonising Design.

Contents

Between the Lines. Between the Times

PREFACE

On the 20th anniversary of PACT Zollverein—a celebration in words.

A brick building, its façade strikingly articulated by large windows. A barrel-shaped roof that despite the building's compact nature still creates a certain cathedral-like quality. Through the heavy glass doors into a wide corridor. To the right, office doors, some of which are ajar, behind them figures completely engrossed in their work. Two studios to the left, featuring wooden floors, light ceilings, and, again, high windows in delicately skeletal steel.

Anyone entering the Performing Arts Choreographisches Zentrum NRW Tanzlandschaft Ruhr (PACT Zollverein for short) will immediately find themselves at the center of things. The audience's route to evening performances leads them, rather uniquely, between workspaces, before they either enter the foyer for a drink or climb the generously wide brick stairway that ascends to the first floor and the two stages. The route then continues past white-tiled walls embedded with soap dishes, a reference to the building's history. Once, in the former pithead baths at Zeche Zollverein in Essen, three thousand miners washed the coal dust from their bodies every day. A place of transformation even then, as artistic director Stefan Hilterhaus explains, referring to the hooks on the ceiling above the main stage where sacks containing either clean or dirty clothes were once hoisted up. Transformation—the seizing upon and pursuing but also the instigating of artistic and political changes—has been a leitmotif of his work since PACT was founded.

The former pithead baths have been thoughtfully converted into a venue while retaining as much of the original design as possible. Since 2002 they have acted as a host for innumerable transdisciplinary, international, and transcultural exchanges. The institution is located in the north of Essen within Zeche Zollverein, an industrial coal mining complex, which was closed in 1986 and subsequently declared a World Heritage Site by UNESCO in 2001. It is a site that has been able to attract an ongoing stream of arts-related and creative enterprises. Here in the suburbs, between

There aren't many cultural institutions that could claim to be as actively connected to the contradictory, complex world we live in as PACT.

imposing industrial monuments, clumps of birch trees, residential areas, and arterial roads, an extremely agile space has emerged. There aren't many cultural institutions across Germany that could claim to be as actively connected to the contradictory, complex world we live in as PACT—its program always based on the premise that art and politics are neither rigid nor segregated, but rather two social spheres that maintain multiple interrelations, which are constantly being re-examined and negotiated anew.[1]

LIMITS OF PERCEPTION

Hilterhaus is less interested in certainties and more in crossing frontiers. "It's always been important to me that the venue doesn't primarily reflect specific approaches, but is more of a site of encounters, an interface. From its very beginnings PACT was meant to be a place where diverse types of knowledge are free to circulate." Each and every year he has endeavored to "probe the limits, to always go one step further and, like art itself, always try to push my own boundaries, to extend them."

The artists who regularly work here are likewise interested in pushing boundaries. What they have in common is a striving for knowledge and experiences that can only be gained situationally and collectively. In this way they borrow methodologies and strategies of representation as well as analytical approaches from other disciplines and redeploy them in new contexts. The aesthetics and methodologies of production are closely linked; any artistic practice entails a constant process of self-questioning and the turns and transformations that it inevitably involves, opening up different perspectives on the familiar and expanding both the space for maneuver and thought, but also generating moments of disruption, opening, and vulnerability.

The work of Stefan Hilterhaus and his team is founded on a deep trust in the subversive potential of these artistic approaches. "Theater always focuses on what is ultimately presented on the stage," Hilterhaus remarks. "The value attributed to artists in our society is reflected exclusively in what they depict. The artistic process nevertheless demands enormous skills, summoning completely different ways of thinking and forms of knowledge. The path of artistic production is strewn with simultaneities and contradictions, requiring individual artists to be able to constantly reorient themselves. Such unique skills and practices are rarely rewarded by society. We dedicate ourselves to them all the time."

It is art's sensitivity that enables it to approximate such subject matter without having to strive to produce a completely coherent position, to describe everything in full.

DETOURS–PLAY

At PACT, these artistic processes are systematically contextualized with a variety of other approaches and professional disciplines. The range of contexts that have been addressed in recent years has increased, resulting in artistic practices interacting with urban research,[2] the work of mourning,[3] with microbiology,[4] and activism,[5] as well as with debates around birth control, wetware computing, and economics.[6] And it is art's sensitivity that enables it to approximate such subject matter without–like science having to strive to produce a completely coherent position, to describe everything in full.

In addition to the wide-ranging core activities of a performing arts institution involved in artist's residencies, presenting world premieres, organizing festivals, and hosting guest performances, PACT has also piloted (and subsequently adopted) a variety of new concepts, placing people and expertise as well as discourses and practices in dialogue with one another. An example of this is IMPACT, a transdisciplinary symposium established in 2004, in which international artists enter into conversation with other practitioners, theorists, and advanced students concerning their respective practices. There are also diverse collaborative projects with both national and international visual and performing arts schools, such as Feldstärke International, which across several iterations has connected students from 30 visual and performing arts schools based in North Rhine-Westphalia with partner institutions in places ranging from Kyoto and Los Angeles to Marseille and Istanbul, encouraging them to embark on joint projects. At the same time, such events facilitate consideration of the conditions and the possibilities offered by an education in the arts.

SPECULATIVE PRACTICES

All of the research and development formats function in a transdisciplinary manner, with the focus on individuals sharing their own practices. "I'm always interested in the development of empowering practices, of practices of resistance," says Hilterhaus. "We're seeking examples with practical, substantiable applications that participants can transfer to their own practices. In drawing my attention to something, they can uncover something for me. I'm interested in such forms of transference." The participants are provided with access to the infrastructure of the house, time, and resources to enable processes of self-empowerment—a momentum that the events always reliably achieve: groups find each other. Languages, interests, issues are discussed; commitment is released. Relationships formed on such occasions are ones that frequently last for years.

Here, at the threshold, confronted by other practices, the inevitability of any individual practice dissolves. In a dialogue—or, even better, polylogue—between diverse systems of thought and knowledge, rules and supposed certainties are temporarily suspended, to be superseded by a transference of experiences and knowledge. Along with the idiosyncratic nature of its programming, PACT dedicated itself to the idea that the complex constitution of the world is best negotiated not through a further differentiation of expertise but rather by seeking out connections between phenomena and modes of knowledge, between bodies of knowledge, and again: practices. Speaking and acting in between the apparently incontrovertible suspends the habitual, generating space to negotiate and act, leading to moments where words cannot be found as well as to productive misunderstandings.[7] Expertise is set in motion, movement that constantly demands a new approach to surroundings: "Movement is a relation."[8] Or to put it in another, more practical way, the transdisciplinary approach creates space for other questions and possibilities—it can work this way too! (Or like that, or like this, or yet even another way.)

Expertise is set in motion, movement that constantly demands a new approach to surroundings: "Movement is a relation." Or to put it in another, more practical way, the transdisciplinary approach creates space for other questions and approaches—it can work this way too!

After 20 years, the international and transdisciplinary network associated with PACT has become a closely bound one. For example, PACT acts as the host for the conference on social space in Essen's Stadtbezirk VI–Zollverein district, bringing together representatives from education, social work, the police, and the church. Among other things, the initiative has resulted in the founding of WerkStadt, which—in the former premises of a pharmacy, not far from the mining complex—offers both those active in the neighborhood and artists space for such day-to-day needs as handicraft afternoons, communal cooking, and bicycle repair, while also serving as a platform for more unusual gatherings. On a mild summer evening visitors may encounter PACT artists-in-residence, families, as well as various people having an after-work beer in WerkStadt's forecourt parking lot, watching short films together, eating popcorn, or exchanging news.

Since 2014, PACT has also been a member of the Bündnis internationaler Produktionshäuser (Alliance of International Production Houses) an association made up of seven of Germany's most important institutions in the field of contemporary visual and performing arts which also comprises Kampnagel, Hamburg; HELLERAU–European Centre for the Arts, Dresden; tanzhaus nrw, Düsseldorf; FFT Düsseldorf; Künstlerhaus Mousonturm, Frankfurt/Main; and HAU Hebbel am Ufer, Berlin. Since the alliance's founding, the institutions have collaborated on numerous projects and knowledge exchange. PACT has also been active in the international exchange and youth development program [DNA] Departures and Arrivals, encompassing 13 European institutions involved in the field of contemporary dance.

COLLABORATION –GHOSTS

The three-volume series entitled "Radical Proximity" transfers these practices of coming together and exchanging, of association and curiosity into the sphere of writing. The books provide longstanding collaborators and inspiring new voices with a forum. In essays and interviews the contributors practice joint thinking or embark on a shared journey; as choreographer Meg Stuart puts it: "I can travel in a conversation." The first volume is dedicated to issues concerning agency and empowerment, addressing the current state of our being-in-the-world. The philosopher and feminist Prof. Dr. Rosi Braidotti discusses such apparently contradictory trends in today's world as technological progress and the extinction of species, employing the concept of 'the Human' and exploring the dawning of the posthuman, outlining them in terms of an affirmative ethics. Prof. Dr. Gabriele Gramelsberger researches the agency of computer technology, seeking out the interface between human and machine, AI and intellect. How does the agency of machines change our understanding of the subject as a whole? In an extensive interview, author and director Tim Etchells provides detailed insight into the work of the British performance group Forced Entertainment, elaborating on their joint decision-making processes and the exacting work of meticulously constructing a dramaturgy. The Afrofuturist, activist, and curator Ingrid LaFleur tells of moments in which her own future has changed profoundly and of the empowerment that lies in opening up speculative spaces. In addition, an artist was invited to create a visual contribution for each volume. In her artistic contribution, artist, author, and researcher Dr. Luiza Prado de O. Martins takes a critical look at the racist concept of 'overpopulation' and the colonial practice of controlling fertility and reproduction. In a glossary, key terms from the volumes are collected, inviting both linear and non-linear readings.

As a reader, you will be able to do what has always been a privilege for visitors to PACT: to seek out interconnections between the heterogeneous, be inspired to make associative leaps, and discover new terms and forms of describing our shared present. Enjoy the dissonances! "I read on, I skip, I look up, I dip in again,"[9] as if roaming the wide, well-lit spaces of the pithead baths, catching a glimpse of a rehearsal here and a glance into an office there, attending a lecture a few meters away, or being deep in conversation on one of the sofas in the foyer, as the evening light descends on the mining complex and the last leisurely twilight strollers vacate the site.

Esther Boldt

1 See Jacques Rancière, *The Politics of Aesthetics: The Distribution of the Sensible* (New York / London, 2004).

2 *Explorationen 2009*—3rd symposium for education activists accompanying Tanzplan Essen 2010, PACT Zollverein, June 24–28, 2009.

3 *Solid Skills,* exhibition, WerkStadt, PACT Zollverein, May 4 – June 30, 2019.

4 *IMPACT20—Planetary Alliances. Outlines for polyphonic communities,* online symposium, PACT Zollverein, November 13–15, 2020.

5 *IMPACT19—Weaving Traces,* a transdisiplinary symposium, PACT Zollverein, October 30 – November 3, 2019.

6 *Blue Skies. Bodies in Trouble / Körper in Aufruhr,* festival, PACT Zollverein, in cooperation with medienwerk.nrw, July 10–14, 2019.

7 See Esther Boldt, "kriechen/ hangeln/ fallen," in *Dramaturgie. Jubiläumszeitschrift der Dramaturgischen Gesellschaft* (Berlin 2016), 56–67.

8 Bojana Kunst, "Working Out Contemporaneity. Dance and Post-Fordism," in *Dance, Politics and Co-Immunity,* eds. Gerald Siegmund and Stefan Hölscher (Zürich / Berlin: Diaphanes Verlag, 2013), 59–70, here: 60.

9 Roland Barthes, *The Pleasure of the Text* (New York: Hill and Wang, 1975), 12.

Planetary Affirmative Alliances

ROSI BRAIDOTTI

The essay was authored following Rosi Braidotti's lecture "Posthuman Critical Thought" on November 12, 2020 at the IMPACT 2020—Planetary Alliances. Outlines for Polyphonic Communities symposium, held at PACT Zollverein in Essen.

Thinking—the most necessary, vital, aesthetic, erotic, and difficult of activities—thinking, like breathing, is what we humans do, even if many of our species across multiple cultures often cannot breathe, out of fear, oppression, or because of air pollution. Trying to think together through the difficulties and challenges of our times is also the aim of the symposium set up by the interdisciplinary team at PACT Zollverein. It was a pleasure to collaborate with them. They practice critical, creative, and affirmative thinking, as both a navigational tool and a way of coping with the present, to be worthy of the complexity of the times.

Welcome to the posthuman convergence! Where advanced technologies and environmental degradation intersect and merge. Where enormous disparities in health, wealth, and access go together with enormous enthusiasm about the great technological advances and new levels of development that are being reached. The posthuman turn is defined as the convergence of posthumanism and post-anthropocentrism within the context of advanced or cognitive capitalism. Although these two lines of critical thought often overlap, they are rather distinct phenomena, both in terms of their theoretical genealogies and in their practical applications. Critiques of humanism target the 'Man of Reason' as being the universalist, patriarchal, colonial, and Eurocentric standard or 'the measure of all things.' Critiques of anthropocentrism as the paradigm of human exceptionalism, on the other hand, include accusations of speciesism and ecocide. They also expose the assumption that all naturalized entities and species are exploitable, accessible, usable and the reduction of entire sections of humanity to a de-humanized, sub-human status.

PERSONHOOD

The 'Vitruvian Man' is the image that encapsulates classical European humanism as defined in the Renaissance. It is a Eurocentric model of mental and bodily perfection represented by a masculine, perfect body, drop-dead gorgeous, completely *white*. Not much is known of his sexuality, but Freud gave an interesting reading of Leonardo da Vinci's sexual orientation by analyzing precisely this drawing. How universal is this depiction? It's a very parochial, patriarchal, colonial, and Eurocentric vision of what the Universal is or what the Human is. It's supposed to represent all humans, but it certainly doesn't. It is an enduring civilizational ideal that was used to justify the 'white man's burden.' And before you dismiss this Renaissance, classical ideal as something passé, I want to remind you that the 'Vitruvian Man' has been adopted by NASA as the emblem for their exploration of outer space. That image is the badge worn by all our astronauts on their interstellar trips. That image is sewn into the flag that is already flying on the moon. It has already gone beyond this planetary dimension. It is here to stay.

This image or figuration of the Human defines itself as much by what it excludes as by what it includes in its self-understanding. The excluded are the devalorized and disqualified 'others' of Man: the sexualized (women, LGBTQIA+ people), racialized (Black, Indigenous, colonized people), and naturalized others (animals and earth beings). The Human is not a neutral term, but rather one that indexes access to specific powers, values and norms, privileges and entitlements, rights and visibility.

VISIBILITY

By extension, we need to think seriously about the different degrees and levels of our human-ness, of what we share as humans, but also the enormous differences that separate us. I think an analysis of those differences can also take the form of a critique of this civilizational model, this 'Man of Reason' that is so standardized. There is a process of othering built into the creation of these universal humanist ideals, which means that being 'different-from' signifies being worth 'less-than' the dominant understanding of the Human. Therefore we need to be careful and think again about what we mean by 'human' when we say: "We humans are in this—predicament/convergence/pandemic/crisis—together." Or when we exclaim: "We humans are in this technological universe together." Are we really? We may all be humans, but some are certainly more mortal than others. We may well be in all this together, but we are by no means one and the same. How do we deal with this necessity to find binding elements without flattening out the existing differences of power?

Thinking beyond anthropocentrism is even more difficult, as we are not accustomed to thinking of ourselves as just a species. It does not mean thinking against the Human, but rather thinking a little bit beyond the parameters of our own collective egoism. This sense of species supremacy, the idea that humans are somehow exceptional, is part of the nature-culture, mind-body divide that is so crucial to Western thinking, Western culture, and Western philosophies. Dualism is built into our worldview. Most other cultures on Earth, however, do not think in such dichotomous and oppositional ways. Indigenous epistemologies, decolonial thinking, Black and non-Western philosophies have a lot to teach us about the human-animal continuum, the nature-culture continuum, the interconnections amongst species and dimensions. It is something that is often dismissed as 'holism' or 'fuzzy,' irrational thinking. In colonial times, it was criticized as primitive animism, the belief that everything that lives is actually logically and ontologically interconnected and can only stay alive by collaborating. We are not encouraged to think in terms of continuums such as these and even genetic science praises the individualistic and tendentious notion of 'selfish genes'—which feminists have countered with a collaborative model of mutual dependence.

The ecological devastation we are witnessing today is the result of this possessive individualism, of its extractive economies and conspicuous consumption, and the abuses of colonialism, the looting of natural and human resources in the European project of modernity and imperialism. Non-human entities and elements also suffered in colonial conquests; we could think back to the role of epidemics in these conquests, in South America and Australia, for example. In the context of climate change and the current pandemic, we need to think in terms of continuing forms of environmental racism, with the developed world overwhelmingly responsible for carbon emissions and waste while poorer nations are disproportionately exposed to environmental and social risks. But thinking simultaneously about human and non-human welfare does not come easy, and critical theory does not automatically lead us in that direction.

DIVISIONS

The crux of the posthuman convergence is to encourage us to address the complexity of these intersecting concerns. Another way to describe this convergence is in more sociological terms. We are caught between the Fourth Industrial Revolution with its advanced technologies and genetics, neural sciences, nanotechnologies, and the Sixth Great Extinction, also known as the Anthropocene. We are caught between totally opposed tendencies occurring simultaneously. It is not as if we have the Fourth Industrial Revolution on Tuesday and the Sixth Great Extinction on Wednesday afternoon. They are happening at the same time, concurrently. I want to stress the convergence of the two, they cannot be kept apart. It is important to avoid segregating the new areas of critical scholarship that tend to focus exclusively on variations of post-humanism or a range of post-anthropocentric positions. This is often the case for Anthropocene scholarship, which tends to focus only on the environment, whereas studies of artificial intelligence and robotics focus on the digital. But what about the interconnection between the two? And why are feminist, race, Indigenous, and decolonial theories often ignored in all these domains? Unless we keep complexity and interconnections in mind, we will run the risk of perpetuating old patterns of exclusion and hierarchy, even in academic and cultural practice. We may have to do the impossible, which is to think through conflicting ideas at the same time. Make our minds work overtime a little and think one thing and its opposite at the same time. And again, that is not what they teach you at school. We are encouraged to think in a linear, sequential manner. For me, it is the historical reality of the posthuman convergence that forces us to think differently, in terms of "and...and" rather than "either/or."

OUT-OF-BAND–
DETOURS

I have borrowed "worthy of the times" from Nietzsche, read through the lens of my favorite philosopher Gilles Deleuze. This dictum is not about passive acceptance but rather active confrontation with the complexities of our times. It encourages us to rise to the occasion with an active desire to engage rather than avoidance, which of course entails tapping into strong affective elements. The posthuman convergence is marked by an alternating emotional economy of excitement and fear, great expectations and forebodings of gloom, at the scale of the issues facing us. And yet facing up to them without getting depressed or becoming nihilistic and giving up is a way of being worthy of them. One possible path of action is the attempt to devise different ways of becoming posthuman, knowing that the Human is not neutral and that many of us start from a position of being less-than-human, of not coinciding with the dominant subject position. What might a posthuman transformation, defined by people who never qualified as fully human according to the doctrine of Vitruvian humanistic universalism, look like? And some of the entities we share this terrestrial planet with are not human. And yet we are all in *this* together.

If we think of the present, we may be overcome by the weight of it, the burden of its contradictions. But the present is not a static bloc, an insurmountable wall of problems. We should think of the present as a time continuum that is multi-directional. When we think in terms of posthuman becoming, then the present is two things: the record of what we are ceasing to be, of what we no longer are. We are no longer the 'Man of Reason,' I hope, but instead occupying a range of diverse and heterogenous subject positions. But the present is also the seed of what we are in the process of becoming, of what we could, would and will have been capable of becoming. The present looks in both directions. And it is the processes of moving in this non-linear or rhizomatic manner that are crucial here.

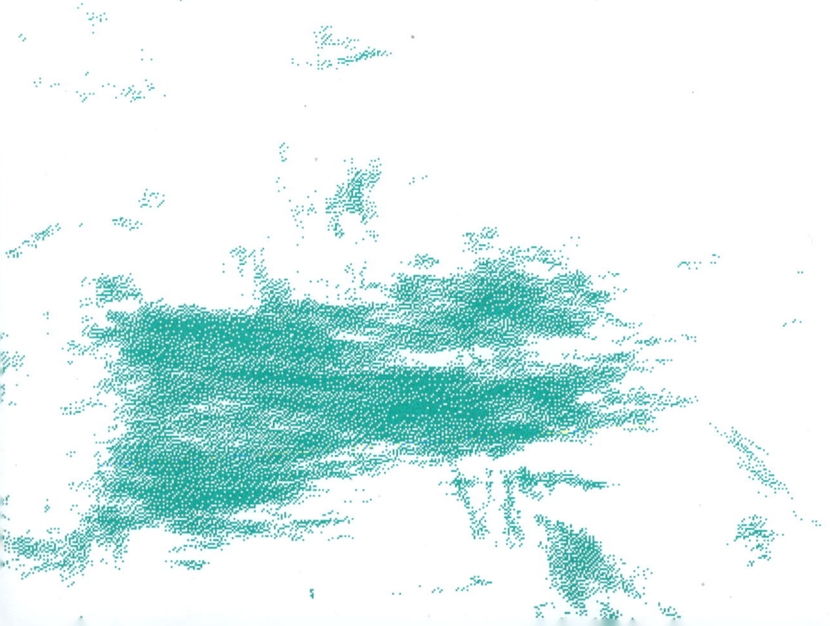

We need to think of ourselves as an empirical, historical entity, inhabiting a particular historical moment, materially embedded in a body, but in movement, in processes of becoming. 'Nomadic' is the term I use, borrowed from Glissant and Deleuze, relating to both human and non-human, but complex, since we are complex assemblages. To be a subject means to be partly ecological, partly technological—all living entities are environmental but also social, and, more importantly for me, we are relational, interconnected, and mutually dependent. Subjects are heterogeneous assemblages. It is not the hardboiled egg of the Cartesian "cogito, ergo sum," but a distributed model of a relational subject, plugging into a multiplicity of sources. The posthuman as a post-humanist and post-anthropocentric subject is complex, embodied and embedded, non-unitary, relational, affective, nomadic, and collaborative. To be open and relational means to be dependent on a multiplicity of others. And this multiplicity of others includes non-human others. If we want to make planetary alliances, then they are both materially grounded and differential.

I want to activate multiple ways of constructing communities on a planetary scale. What binds us together—humans and non-humans—is the power of affirmation. The idea of affirmative ethics makes us worthy of our times, capable of inhabiting the posthuman convergence in order to make a difference. This is a way of processing the pain, the wounds, and the difficulties and coping together. The COVID-19 pandemic is almost emblematic of this necessity. It is not only about how to resist but also how to push it into a direction where we all could come to our own variation of the posthuman, honoring our differences. Yes, we are in this together, but we are all different, and those differences matter: they can make the difference between life and death. We need to honor the materially differentiated grounding of our being human and move on together. I firmly believe that we can do this, and I see our exercise tonight as an exercise in constructing alliances in a heterogeneous, exploded, but unified matter, in which affirmative ethics is a praxis of constructing connections and sustaining them.

Thinking is a mode of relating to the world. Thinking means, taking in the world and taking on the world, and taking in and taking on the world means taking in and on the pain of the world, the sorrow, the problems of the world. Together.

Machine Rationality and Anthropomorphic Desire

GABRIELE GRAMELSBERGER

How is computerization changing our everyday habits? How is artificial intelligence transforming our lives? What happens when computers decide autonomously, when artificial intelligence becomes a protagonist? An interview with theorist and philosopher of science Prof. Dr. Gabriele Gramelsberger about the boundaries between mind and body, humans and machines.

You work as a philosopher of science and hold the chair for theory of science and technology at the RWTH Aachen. In a manner of speaking, you are researching research, which means that you are always caught in between things or are operating at an interface. How did you arrive here, also in terms of your professional history? What interests you about all of this?

I studied philosophy, specializing in the philosophy of science, because I've always been interested in the development of computers. I originally come from the publishing sector and saw how desktop publishing transformed an entire industry in the mid-1990s. I wanted to understand this little gray box. Nevertheless, I didn't study computer science but philosophy. In Augsburg I was lucky to end up with Professor Klaus Mainzer—one of the few people addressing the philosophy of the computer. Since the computer is used primarily in science as a new epistemic tool—for computer simulations and now in the form of artificial intelligence (AI)—I became a philosopher of science.

You are now investigating such interfaces or interstitial spaces, the spaces that exist between, for example, the human and machine, between AI and intellect, algorithm and emotion, body and technology. In your lecture at the IMPACT 2020 symposium, you spoke of a "collapse of the boundary between us and technology." Could you give some examples?

Traditional philosophy has always distinguished between mind and body. The fascinating thing about the computer, however, is that it traverses any such division—in a (techno)logical manner. As a philosopher, I am very interested in what happens during such processes of traversal and traversing functions. That it's able to translate intellectual capacities—writing, computer code, logic—into executable actions is part of the nature of the computer. This translation of an intellectual operation into action is something new, resulting in the ability to traverse traditional divisions.

AGENTS

Who or what would be the protagonist here?

Essentially, it's the computer acting in accordance with its instructions. The person who wrote the program being the one providing the instructions. That's why here, too, the computer is doing the traversing, possessing a certain agency, so to speak, that is able to go beyond a 'stupid' coffee machine that can only make coffee. It's an interesting phenomenon. And when the whole thing, today, becomes miniaturized and computer chips are interconnected, for example, with nerve cells, then the boundary between the machine and the body is again being traversed. Not only in neuroprosthetics, for example, but also in terms of minute units that can be employed in carrying out internal examinations of the body. A lot of it is reminiscent of science fiction, but is actually a reality in the laboratory.

What aspects of this would you approach critically?

I actually approach the whole thing critically. The computer has a certain rationality, which I call machine rationality, and we are experiencing a substantial subordination of many areas of human life to such machine rationality. It's all very fascinating how it works, and that it works. I'm studying it very carefully. But the consequences can sometimes be alarming. That, however, is in principle the research field of ethics and media studies. I'm primarily interested in machine rationality itself.

We are experiencing a substantial subordination of many areas of human life to such machine rationality. It's all very fascinating how it works, and that it works.

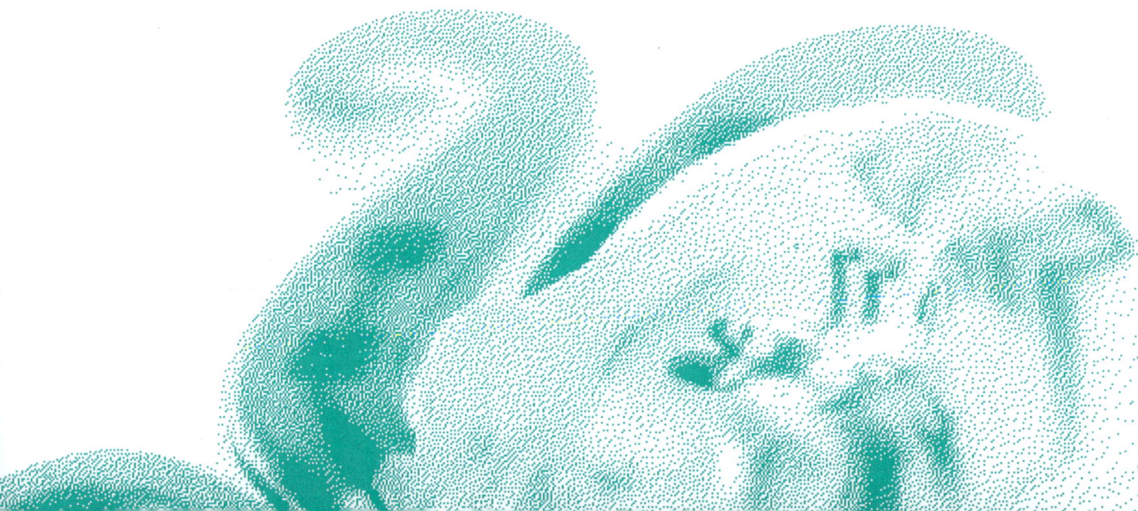

In reading your texts, I was fascinated by the extensive scope of your research subjects, ranging from everyday technologies to laboratory bound ones. How do you find the subject matter for your research?

LANGUAGE

'Computer' has to always be in there somewhere. My research asks how the computer transforms science and the world we live in, as well as art. And since the computer is so omnipresent nowadays, such questions can of course now be asked regarding everything. I'm mainly interested in new developments, and when for example I came across 'Affective Computing' I wanted to know what it was all about. The major issue occupying everyone right now is AI, so that's what I'm now focusing on. But also biology, or more specifically synthetic biology, because that's closer to computer science and informatization.

'Affective Computing' is still a fledgling technology that enables computers to identify human emotions and process as well as simulate them. There are often no existing terms for the novel phenomena you are investigating, to enable an initial analysis or description of them. How do you develop terms for new phenomena such as 'Algorithm Awareness'?

ARTIFICIAL INTELLIGENCE

'Algorithm Awareness' expresses precisely the agency that is programmed into AI: algorithms are programmed in such a way that they increasingly observe us more closely. We now have to accept living with such attention. The computer decides whether someone will receive a loan or a job, it defines new contexts and new hierarchies in decision-making. In endeavoring to comprehend such new phenomena as well as the hybridity involved, our language is poorly equipped, so new terms are required.

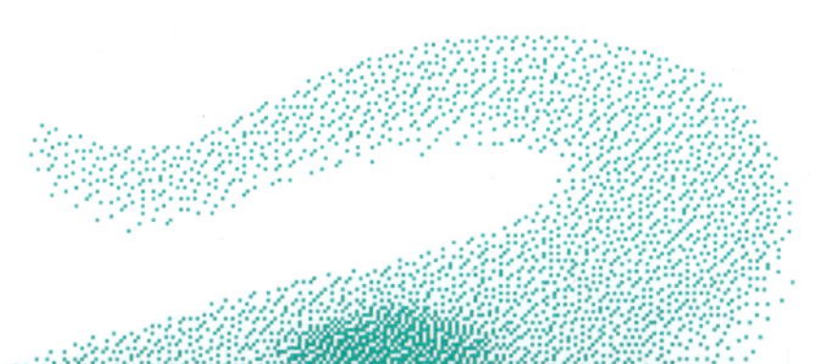

The 'Octobot' is the first autonomous robot made entirely of soft material.
© Image: Lori Sanders / Harvard University

'Affective Computing' approaches the computer as a better, outsourced means of (self-) knowledge. Rosalind Picard, founder and director of the Affective Computing Group at the MIT Media Lab, once wrote that objective data relating to emotions is considered more credible than oral reports. This once again makes evident how much our reception and understanding still assumes that computers are objective. The collective consciousness is only becoming gradually aware that computer programs also reproduce human flaws, such as racial prejudice. Isn't this idea that machines are superior to humans more of a fantasy?

Of course. Technology is ascribed a neutrality that it doesn't possess, which we're now experiencing in examples of racial prejudice. A certain kind of neutrality is built in, but it's not perfect. Plus, we are ill-prepared for such a situation because traditional, centuries-old experiences are being turned upside down. At the moment we're struggling with the fact that agency is increasingly being transferred and entrusted to objects, and AI will amplify that even further. We're not used to being contradicted by a machine, for it to not do what we tell it to do, or to come up with decisions that are different to the ones we would make. But all these scenarios already exist in specific situations. You could say the machine is flawed, but as I said, it's no longer about merely pushing a button to get some coffee. Much more complex decisions are involved. Nevertheless, we accept the sovereignty of the machine because of its supposed neutrality. The argument is that it's better for an algorithm to decide than bad-tempered administrative staff. In such a scenario it may be true that an algorithm is slightly more neutral, but that doesn't mean it's super neutral and fair. Cultural experiences that are deeply anchored and handed down over many centuries are currently being rewritten. From a philosophical perspective it's very exciting, but from an everyday point of view it's extremely annoying. It's always a double-edged sword.

Here in Aachen you work at a university focusing on technological research, but in the past you've also held positions at the Academy of Media Arts Cologne and at the Institute for New Media in Frankfurt am Main. How did that happen?

I have a double CV. I've always been involved with media art theory. The computer also plays a role, as do questions of how it can expand the experiences of art. That's what interests me.

I recently had to think of you when I saw the performance "Unheimliches Tal / Uncanny Valley" by Rimini Protokoll, where, instead of the author Thomas Melle, his exact copy, in the form of a robot, is sitting on the stage. The ambiguity evoked by the machine is interesting, since it mimics an individual and we are inclined to recognize ourselves in it, but at the same time, its constructedness is continually visible. It doesn't breathe, the machinery buzzes with every movement, and so on. After the performance, I heard that contrary to expectations, the robot was aging faster than the original, and that its complex mechanics required constant readjustment and repair. With regard to your own research, I found it very interesting, because in your lecture you also mentioned that impressive hybrids of chemistry and IT like the soft, autonomous robot called 'Octobot' remain inferior to the organic body in terms of energy use and the ability to regenerate.

RESOURCES

Yes, they remain machines. An organic body possesses much higher degrees of finesse. In industrialization and mechanization, functionality is maintained by replacing parts, but the body never throws anything away. It is constantly rebuilding itself, constantly renewing itself, and this is where the machine clearly differs from the body. The machine even as a model will one day be obsolete, so that a double aging is involved. It will be obsolete as such in comparison to the state of science and other objects, but on the other hand these specific entities, these specific objects are also aging.

HUMAN

But concerning such taxonomies: I find them fascinating but I don't know how they could be researched. The human is, of course, human and has an anthropomorphic desire. We immediately interpret everything in human terms, we can't help it. We see imagery in the clouds where an algorithm would see nothing. The moment a robot, no matter how awkward, has some facial expressions, it becomes human for us. We are even able to worry about a Tamagotchi. To some extent technologies make use of such traits in a parasitic way, which we should always bear in mind. On the one hand it's very naïve of people to anthropomorphize everything, but on the other hand it's the only way that a human can think as a human. Perhaps that also explains the desire for the objectivity of machines. It makes for an interestingly charged relationship.

The machine then also serves to expand the limits of the individual's own knowledge? Where does the relationship to the machine begin and where does it end?

Our relationship to the machine is becoming increasingly intense the more human-like and therefore adaptive the machine becomes. There are psychological studies on why a relationship with a canary is more intense than one with a cactus. The canary is animate, it interacts, in contrast to the cactus. But you can also bond with a cactus. In that sense, humans are fundamentally bonding animals. And the more sophisticated a machine is, the better it can exploit that. A quantum leap was 'Alexa,' as a machine you can talk to. How would a child know how to distinguish between their parents and 'Alexa'? Daddy speaks, the object speaks, everyone speaks. What is the difference between an object and a person in terms of communication? Language introduces another dimension, because boundaries become very blurred.

In its responsiveness the machine becomes something that answers.

And it usually answers very well, that's the amazing thing. This was already being experienced in 1966 with the first language program 'ELIZA,' which was perceived by many as being a human speaker. Amazing!

The question then immediately arises of who is ultimately the purchaser—the programmer or the bot? Who is legally liable when a robot is operating autonomously?

In your opinion, what role do artists play in all this?

The traditional role of art, to deconstruct such an elevating of technology, to unmask it, to apply all its strategies of questioning: that's something that can't be expected from consumer society. If someone sees themself today as avant-garde just because they are using an iPhone, then surely that is evidence that established concepts of innovation and the avant-garde—as counter-positions to the social behavior of the masses—are no longer relevant, resulting in a loss of critical awareness. This is of course a particular challenge to science and also philosophy, but artists are able to address such things in completely different, subversive ways.

Which artists or projects are you thinking about in particular?

For example Bitnik, the Swiss group of media artists, programmed the 'Random Darknet Shopper' in 2015, a bot that randomly bought things on the darknet for 50 euros per item—including illegal ones, of course. The objects were exhibited. And something that we philosophers talk about for hours was suddenly made evident in the exhibition. The question then immediately arises of who is ultimately the purchaser—the programmer or the bot? Who is legally liable when a robot is operating autonomously? In the end the police confiscated the purchases. But a large audience had suddenly been made aware of the problems involved in the darknet. Art can be used to depict things in a much more striking and lucid manner. This is a brilliant way of doing it.

GHOSTS–PLAY

One of the best art objects that I've ever seen, twenty years ago by now, was by students at the Berlin University of the Arts. There was a gun suspended in a space connected to a face-tracking algorithm that followed visitors. It was a very ordinary algorithm used at every train station and airport for cameras tracking individual people. They capture a face, hold it, and you can't shake it off. We aren't usually aware of it because we're not looking at the cameras. But when a pistol, which looks life-threatening, doesn't let you out of its sight and continues tracking every movement, it's unsettling. It makes people instantly aware of the technology and its potential. It could never be demonstrated in a lecture, but in this project it became intuitively understandable, it was simply a very eerie experience!

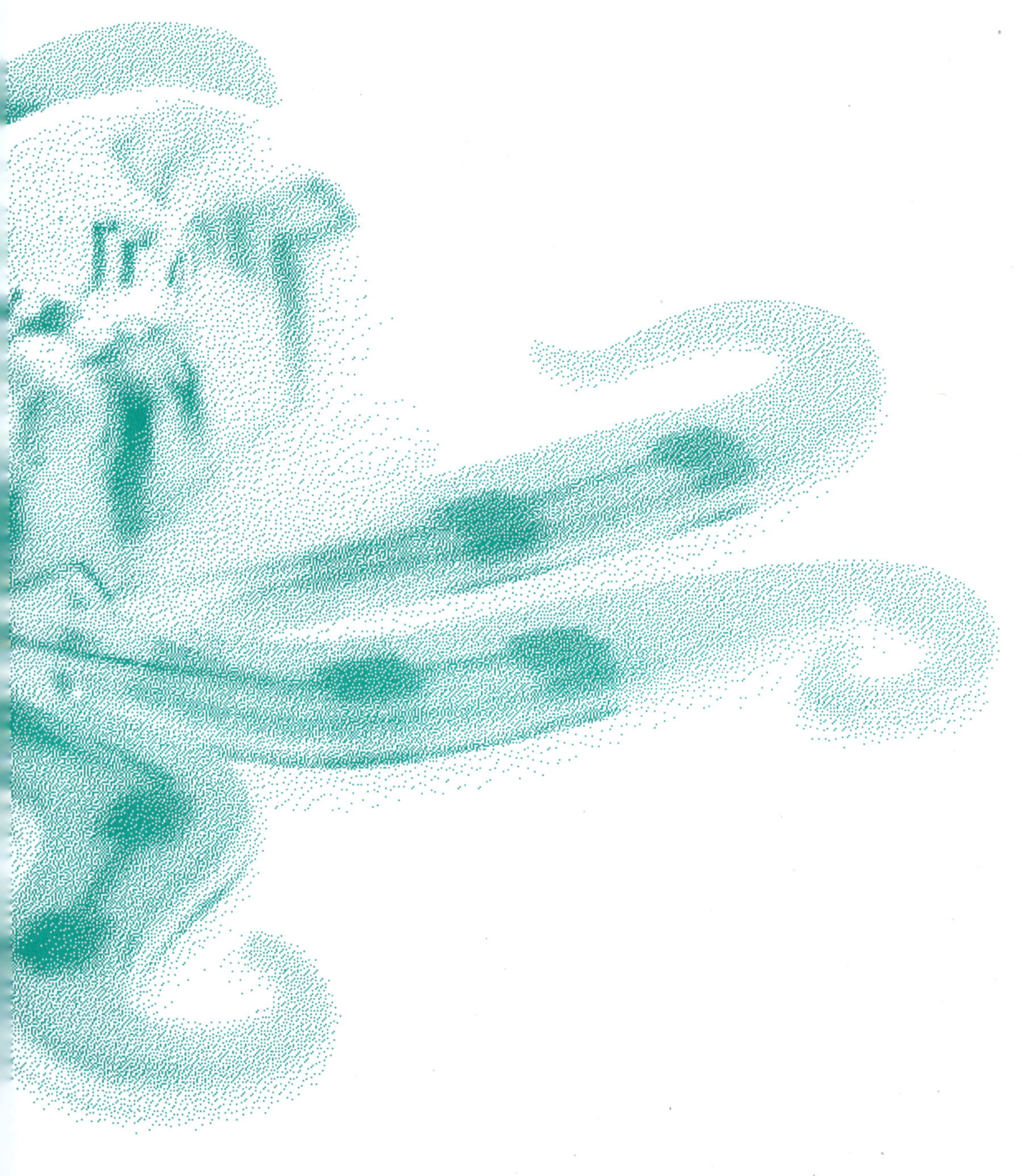

The reason why it's difficult to raise public awareness of these new technologies is precisely because many of them operate on the peripheries of perceptibility.

LIMITS OF PERCEPTION

Yes, that's why there's the much-discussed term 'technical unconsciousness.' 'Ubiquitous computing' was the explicit objective of developers at the Xerox Palo Alto Research Center (Xerox PARC) during the 1990s. They were convinced that the technologies that would become successful were the ones which were no longer being perceived as such, because they fall below a certain threshold of perception. My public lectures address this ability to remain under the radar of perception, because so many people remain unaware of how unbelievably far technology has already come.

Do you have an example?

Yes. Analytical software runs in the background during chats. What for us humans is a half-minute conversation, is half a century in terms of computer analysis. Computers have become so incredibly fast that they have all the time in the world to carry out analyses of our emotional state, of the content of conversations. The analytical software has enough time to go online to check links and names, and to look for interesting data in the background of your mobile phone. Supercomputers today process more than 30 quadrillion operations per second. We are hopelessly at the mercy of computers with respect to such speeds. Such imperceptible things worry me. Technology is disappearing because it's getting smaller, more invisible, and works more and more subliminally, beyond our own threshold of perception, temporally, spatially, and so on.

We're constantly producing data that has long since become a currency in itself, which for individuals is difficult to imagine, even though we all know that Meta, Google, Amazon, and the like all capitalize on it.

In fact, individual data is of no interest, it's more the sheer volume. There are currently over two billion Android devices in circulation worldwide—we're talking about gigantic dimensions. And such a mass of information can also be processed today. The capacities have become extremely large, and so a great deal of information can be evaluated, even from very heterogeneous data.

There is a shift in the perception of the subject, because for these algorithms we aren't interesting as individual subjects, but as averaged subjects. We are just statistical entities to them. A new understanding of the subject is infiltrating society via machines, for example via fitness apps, which encourage us to constantly compare ourselves with a certain average, an average that is however on an aggregate. If the aggregate is small, the average will be different to one where the aggregate is very large. Since we don't know the details of the aggregate, yet always perceive the average as objective, a distorted perception begins to enter our understanding of the subject. The whole world of mass data is statistical. As such, it's completely alien to us as individuals, as it follows a completely different logic.

Isn't the problem also that the technology is in the hands of corporations who are then in a position to steer social developments?

But corporations have always done that! Cities changed profoundly with the invention of the light bulb. And today we're at the end of the long history of the invention of the car, the Otto engine. There is this brilliant scene in the film "2001: a Space Odyssey," where an ape uses a bone as a tool and then a weapon to kill another ape. It was already starting then! The discussion we're now having existed a hundred years ago. Back then, people were just as overwhelmed by the train, for example, this monster that spat out smoke and travelled far too fast.

BEGINNINGS

What can we learn from such historical perspectives?

We can learn that our own times are also merely relative. We feel like we have now reached an end point, but of course that is not true. It'll always go on somehow. And to date a great many people have benefited from technology. Democracies would be inconceivable without technology, which also generates a lot of wealth for society. But the price, of course, is exploitation—of both resources and of people on other continents. I think we have to become once again aware of the luxuries that we have and take for granted, especially in relation to climate change. I find the current COVID-19 crisis very interesting, because it allows everyone to be a bit less active and also shows how it is, in fact, a luxury to fly to Mallorca on holiday—and that it is by no means a given.

Democracies would be inconceivable *without technology*, which also generates a lot of wealth for society. But the price is, of course, exploitation—of both resources *and of people on* other continents.

Will we be able to regain our agency?

No, I don't think so, it's lost. But we are also becoming newly empowered. It's not just about loss. Thanks to the speed of technology, I'm able to communicate with the whole world. I just have to remember that I'll probably be analyzed in the process. I think awareness is important, as is educating people in it.

Is social progress tied to technological progress?

It depends on how you describe it. The washing machine and other kitchen appliances have probably set women free more than anything else. It was an alleviation of their workload with not only emancipatory but also economic consequences. I'm always advocating for not seeing things in black and white; there have been many achievements that we are not even aware of any longer, but that remain necessary to our everyday lives.

The British performance group Forced Entertainment has helped write theater history with their groundbreaking works. In a noisy Vienna coffee house, after a rehearsal, the group's author and director Tim Etchells spoke at length about their artistic work and the importance of being deeply curious.

Everything Else Is Talk

TIM ETCHELLS

Where do you work most of the time?

We don't have a permanent rehearsal space, so every time we make a performance, we have to find a place to work, usually in Sheffield. There are a few spaces that we regularly work in, a community hall, for instance, and a room in a local art gallery. It depends on what the project requires. But mostly now we are working in the community hall, and it's difficult because we have to clear everything away at the end of the day since they have karate and other things in the evening.

How does the space you're working in influence the piece you are working on?

The space influences everything—it shapes how one feels and sees the material. What's lying around can also be influential. In a previous space we used to work in, it was sometimes the case that things had been left in the car park just outside. Trash, discarded items of furniture and so on would often be brought into the rehearsal room during improvisations. Things other people are storing, things in the spaces we are rehearsing in very often get used. For instance, a marching band uses the community hall, and one day we borrowed all their flags and other equipment in our rehearsal. Everything that's lying around is in danger of being dragged into the work!

Is it more interesting then to work in a space which isn't really related to theater?

There is something rather distorting about working in rooms that aren't theaters or not even like theaters because of course no environment is neutral—the space affects what one does, how one perceives things, one's sense of connection or disconnection to the material. After moving to another space or into a theater for final rehearsals, one part of our work is always trying to recover the feeling we might have had before. In each relocation something has changed and we can't figure out if it is the energy of the performance or the visual texture or frame of the room. Everything has to be re-articulated. It can be subtle, but it's important work.

SPACE

Do you lose contact with the source material?

Yes, it is like losing contact with it. In some ways, it is better to stay in one place—I would love to present the work in the same space as we have made it. The only positive thing about moving is that every time you negotiate that move, you learn something new about the material. There is something useful about identifying the characteristics of the work and how they relate to different spaces. Whenever we go into the theater, it's always a huge shock in the sense that you've got used to the material sitting in a room without theatrical lighting, in a very straightforward way, with maybe some electrical lights from the floor but nothing from above, mainly white walls—things that you'd never really have in a theater. A classic thing is that in the rehearsal room I often say to the performers: "Don't deal with me, just be doing what you are doing, don't keep coming to me for attention." And of course, as soon as we are in the theater, I'm saying: "Please, deal with me!" You have to translate things to the stage, you need to find a way to do the same thing but with a different energy, a different articulation.

You are the group's writer and director. Is there any other division of work in the group?

Everything in the group is pretty organic, everybody makes every kind of suggestion. We discuss everything. Writing is something that only happens for specific projects—mostly these days we work from improvisation—though I may well feed in short texts and suggestions to people to begin the improvisations. On the formal level, Richard [Lowdon] is thinking about set design, and often Claire [Marshall] is thinking about costume, but it's also the case that other people might have brought in a costume or somebody else might put something in the space that might change the way the design goes.

Everyone can contribute on every level but at the same time people develop a kind of unique territory that they work inside, intellectually and performatively.

As we sometimes say, we try every bad idea first and then finally arrive at the good one!

Where do your projects start, what do they start with?

Usually, when we start a project, we don't have a concrete idea that we want to work on, we don't have a theme, we don't have anything really. We tend to start a conversation in the room about where we are with the work, what we've been doing in recent projects, what strategies and approaches we're bored with, what we think might be a clue for where we would like to go. It's quite abstract, but broadly we always try to orientate ourselves in terms of previous work—to establish the base. Then normally we would hope to go forward with a small number of propositions for trying things in rehearsal, first steps for action, for text or for dancing or for costume.

And these things were coming out of conversations before?

BEGINNINGS

Sometimes. Other times I've just got a small list of things I'm considering already. At the beginning of a project we are doing a number of things in the room—I might ask somebody to stand at the front and talk about something, and ask somebody else to be behind them doing something else. Or I might ask the whole group to do a certain task—text or action—together. Loose experiments, first steps. Often, we are doing things without knowing why, trying to see what's interesting. At other times, we may be doing the same thing for several weeks, not understanding what there is about it that's compelling us.

Basically, two things are happening in this kind of process: one is that we are trying to figure out which pieces of material could be in a show together. We are asking if this is the most important element of what we are doing [here Etchells picks up a green sugar sprinkler], what are the other elements (texts, actions, etc.) that really belong with it? And if this is the most important thing, maybe some of the other materials don't really belong here at all.

So, we are throwing some things into the rehearsals, and then trying to figure out which ones belong together, which ones might have a kind of framing relationship to others, which ones are at the core of the work, and which of them are peripheral [He moves things around the table: cups, the sugar sprinkler, a vase…].

Often, we are also asking: could *one* of these things be the whole show? I think in the first month or even two or three months, we are asking of each idea: could this be the whole show? Might this idea be strong enough or interesting enough to do the whole job? Or are these materials such that they need to be in dialogue with other elements? The only way we can figure out answers to these kinds of questions is by endlessly recombining things in the room. We do that fairly intuitively, but we also tend to try almost everything in almost every combination with almost anything else. As we sometimes say, we try every bad idea first and then finally arrive at the good one!

Can you turn a bad idea into a good one?

Nah.

A bad idea is always a bad idea?

It's not so much about turning bad ideas into good ones, but about finding the right combination of other factors to let a piece of material speak. Some ideas will probably never be good ones. There are several ideas we have tried repeatedly in the last twenty years in the process of working on different shows—and they never work! And each time we are painfully reminded of the reasons why this material was rejected previously! We say, this character or this figure has been killed many times, but it's always coming back.

BAD IDEAS– GHOSTS

That's what ghosts are.

Yes, exactly.

You once wrote that you mainly work with improvisations that you record on video and then watch back. Is this still the case?

Yes, very much. We spend a lot of time watching these improvisations, trying to figure out what it was about the order of the scenes, the decisions that the performers and I made, all of those things.

Is it difficult to re-enact what you discover in an improvisation?

Yes, that's always the thing. We know that it flowed in this very delightful way, and that it had moments of revelation and moments of tension and all of these qualities that we are interested in. We all feel that when it's happening. Often, you are making decisions collectively in a kind of organic transaction, and the recording allows you to dissect it and put accurate timings to things. It is very useful to be able to say the first scene takes twelve minutes. It doesn't take fifteen, it doesn't take eight—the difference between those things is huge. Having the recordings helps us a lot in the process of reconstructing material from the improvisations.

And then it becomes a score?

Yes, it becomes a score. The material gets fixed. Often the first time you are doing something during improvisation, the time and the material play out in a very organic, real way—in the sense that it takes a 'natural' amount of time for a scene to develop or for an idea to materialize in the space. When you revisit the same materials—improvising for the second time—your sense of what you are doing is distorted by the knowledge you already have, by the anticipation of the shape you know you are making. People are already running to get to the 'good' bits, you know. If the scene were that we sit here, talking for fifteen minutes, and then you throw a glass of water on me, when we would come back to it as a second improvisation, it might be ten minutes before the water comes, because we would both be thinking, let's get immediately to the drama. Too much knowledge can distort your sensitivity to what's really happening. But with the video you're able to say, no, that was fifteen minutes and you can attend to the performative details—stay true to the first instance of the event. The recording provides an architecture and a set of textures which you can reproduce.

Talking about the flow of information and attention, I often feel manipulated by the dramaturgy of your pieces: the audience is very much involved in the process.

When constructing the pieces, we look closely at the twists and turns of the dramaturgy—how the unfolding structures we're building work to shape spectators' experiences. We're drawn to the feeling that things are getting deeper somehow, to shifts and breaks in the material and to changes in emotional temperature. That sense that the timeline is good—which is basically about being interested, about being pulled along through a sequence of events that's somehow compelling—that's what we are going for in the relationship with the audience.

DRAMATURGY–HOLES

But there are also moments of real boredom, where nothing is happening, moments which get sticky.

We tend to talk about change having to be earned, about change in pieces having a certain kind of logic. It means that an action, a text, or something else needs to feel stuck or done with before you can break it, so that you accept the change or feel compelled by it. Whereas when you just parade change in front of people, it's dramatically ineffective.

In "Dirty Work" for example, Robin and Cathy sit down for the first twenty, twenty-five minutes. At a certain point, Cathy gets up and walks to the front of the stage. It's the first time anybody has stood up and in the context of the piece it feels like a huge move. For us there's always this consideration about the economy of change, of what brings change and what earns change. How long do things take before they change? It also relates to my taste as a watcher, I like it when things take their time, when there's no hurry.

You have been working together since 1984. How do you stay interested in one another?

We start slowly on projects—always with this attempt to position and understand where we've come from. Where are we now? And how did we get here? What are we doing here? That thing's really important... It's about tuning to the work, to the possibilities that are in the air.

COLLECTIVE–LANGUAGE

Are you making up your own history?

Yeah, we talk through the history sometimes. It can seem like a pointless conversation sometimes and we have been around it many times. But in another way, there is something about the act of shared orientation that feels important in the process. Most of us have some position about what to do next or an opinion about what strand of the work is interesting, and we can talk about those things for a long time. But what always unites us is when something new happens in the rehearsal room, something fascinating or compelling. Then, whatever conversation we were having can just go to the side. We would always trust doing rather than talking. It is the complexity of people and action and text in space that interests us. Everything else is, you know, talk.

To me, it's also interesting to think about where new material comes from. In some ways it does come from the discussions, and it comes from us thinking and it comes from analyzing what's on the video tapes and so on. But at the same time, very often new impulses and understandings come from action, from things people do in improvisation. There *is* a kind of collective dramaturgical conversation going on, but there's also that space which is just about being a performer on a stage, deciding to do something. There's bits of randomness and intuition—knowledges that are contained in people's bodies, in their sensibilities, understandings that go beyond what we can easily talk about or name. In one sense we are all in a discussion but in another sense everybody is on their own. At its best, the work is a kind of meeting place rather than the product of a single intention.

Putting the piece together is like film-editing—you're taking a Wednesday morning from January and a Thursday afternoon from April and trying to fit them together.

How would you describe the relationship between the rehearsals and the performance that results?

What we are doing when making a show based on improvisation is building a kind of dramaturgical statement, a flow of one hour and twenty-five minutes, the whole being assembled from material that's been generated on different days. The material we are drawing on has a whole set of rhythms and revelations, changes and surprises built into it. So, putting the piece together is like film-editing—you're taking a Wednesday morning from January and a Thursday afternoon from April and trying to fit them together. Maybe you're assembling something, maybe with a little bridge in between, something new you invented to hold them together.

In any case, you're assembling a machine which has a kind of compelling and articulate structure, but a mechanical, exact reproduction of that structure will never be enough on its own. You have to play the piece in public, so the dramaturgy has to be porous. Once it is made, we have to play it in a way that feels present. We don't improvise much inside the theater shows—once they are made, they are all pretty fixed, even down to very detailed language things or apparently very casual gestures. But at the same time, there is a desire to make sure that this machine in public places itself in a different kind of negotiation with this new object which is the audience.

I imagine it to be difficult for the performers to be casual yet very precise in the same moment.

When we started working with the video camera, we began to more explicitly differentiate between the big, full performative gesture of material and this sort of micro-material that might be going on underneath. It brought us to the idea that one could work to control even the smallest details. In “Bloody Mess,” John is telling the story of the beginning of the world, and Richard is interrupting him. You can say that John is speaking and Richard interrupts him. Or you can say that John is speaking, Richard puts his hand on John’s shoulder, John doesn’t pay any attention, Richard taps him, he looks at him, he goes back to speaking, and then Richard says “Eh, John.” That transaction of the interruption becomes four detailed steps. In that moment, because of the detail, we might have the feeling that we are observing something that hasn't been put there for us, something that takes its time, and there is a pleasure in the tininess of that thing.

A typical phase of the rehearsal from the middle until the premiere is about deciding on the sequence of the material that we are presenting. We are always working a little bit on sequence, so if it is these four things [a vase, a coffee cup, a sugar sprinkler, and a glass of water], does it work to do them in this sequence or is it better to put them in another arrangement?

Are you the one who makes the decision in the end?

It depends really. Other people know that I am outside the piece and they are inside, so there is a level of trust afforded to me. I have a vision concerning what they are doing which they can’t have, but at the same time we are all in the conversation about everything all of the time. Usually we try to come to a collective decision about things. I start almost every rehearsal by trying to talk about what we did yesterday in an attempt to set an agenda, throwing the door open to other people to say what they are thinking about it. I am certainly not a director who is going home, writing it all down and bringing in the whole plan the next day. I talk a lot about ‘coming to a decision’ rather than ‘making one.’ I am much more interested in being in the room together and having the conversations, exhausting the options until it seems obvious what we need to do.

I talk a lot about ‘coming to a decision’ rather than ‘making one.’

Does this obviousness also result from the material?

Once we have identified some of material for the piece, we already start to consider different models concerning how that material might work in a larger structure. We think through different versions. We might say, for example, that there are three possible shows we could make using this material. One might start with this green sugar sprinkler, and end with the salt and pepper. Another version might begin with the teapot, and have these other things in it and then end with the sugar. Each possible version draws out different meanings, different potential from the material.

In our conversations in the rehearsal room we always try to identify which version of a show we might be talking about at any moment. It gets pretty confusing. We often have three or more separate versions in our heads, and we might be keeping all of them alive until it's clear which way we really want to go. Modelling and creating separate versions of how the work might cohere or be structured is very useful, because in each of those models you are allowing potentially different approaches or nuances of the material to come out.

Is it about evaluating the material in a way? And about looking at it from different perspectives?

Yes. Thinking about different structures helps us understand what we have. Each bit of material makes a demand or brings with it an invitation. We try to work with sensitivity, so we are listening to each other and to the material itself. When we mess up, I often think it's because we aren't listening to the material. In cases like that there's a danger that one gets seduced by a fantasy—thinking about an idea of a show rather than the actuality of what's in front of you. That's also where the video can be useful, as a reminder to ourselves about what's really there. I don't always trust a thematically-driven approach to making, because it's so easy to say your show is about this or that, but the statement tells you rather little about the materiality of what's going to happen. What takes place in the room is really the thing that interests me—the actuality. Of course, eventually the arrangement of the material *is* about something, it can even be thematic. But you arrive at these things in another way.

INGRID LAFLEUR

Nothing Is a Straight Line

This interview with Ingrid LaFleur developed in a surprising manner. It was meant to be about Afrofuturism, about LaFleur's artistic practice, and her curatorial freedom. But the activist and curator was instead keen to address her new queer life, as well as healing processes and collective grief.

While preparing for this interview in the midst of lockdown, I really enjoyed listening to your lectures and talks, which are very empowering, inspiring, and engaging. To jump right in: where do you get your energy from?

That's an interesting question really. It gets right into my ideas about how dystopia and utopia, pain and pleasure are living in the same place. I think we undervalue our ability to find places of energy, love, or pleasure within very heavy and intense moments. I landed in Johannesburg a week before lockdown, and in that week, I started dating someone. When the lockdown came, I just stayed with that person and her two children. She is my first longtime lesbian relationship. I say that because I think I couldn't have gotten the type of love and compassion that I received from her in any of my heterosexual relationships. It was a very tough time. I really think that a woman's love was the only way that I could have gotten through, that I could have still remained focused on my work. And because of her love, my work expanded by understanding what it means to be queer. Rasheedah Phillips—the leading Afrofuturist writer and thinker of our time—and I talked about Afrofuturism not being linear. But how do we do that in the real world? It's only in this moment of my new queer life that I am understanding what that nonlinear thinking looks like or even feels like.

What does it look like?

I'm still trying to find ways to articulate how nothing is a straight line. In a heterosexual world we're constantly reimagining what a hetero relationship looks like, what our rules are, and trying to expand on that. But it's a very linear way of being that adheres to what society has agreed upon; whereas in the queer world there are no rules really. You make up the rules completely. The potential is exponential. The opportunities are infinite. To the point that it can be frustrating for a person who has been living a hetero life. It's not an easy transition. I'm forced to reconcile myself with my own limitations. Within my work I talk a lot about limitations in the imagination but I'm constantly moving through limitations that I didn't even realize were limitations on not just my relationships, but even on how I lived and how I moved through this world. This experience has been influencing all of the work that I have done thus far and it excites me because it's a portal. I try to figure out what's going on. How does this apply to whatever theories I have been thinking about or adopting into my life? Do they still apply? And if they don't, what does that mean? It's just the excitement of that! The unknown and the infinite potential all at the same time.

TRANSITION

Aren't most of our relationships pretty scripted in a way? Not only those with our sexual partners, but also our relationships with friends, neighbors, bosses, parents, children, and animals? It's always a challenge to abandon these kinds of scripts and find other ways of approaching or realizing relationships.

It's true. And it can be a little scary to know that there actually are no scripts. Sometimes we like the linear system because it creates a certain groundedness; it gives us the ground to stand on. But if it's no longer working it's like you are floating in clouds! For me it has gotten into revisiting what human is, what it really means to be human and the theories around that. COVID-19 has been very devastating for a lot of reasons. The pandemic hit the United States a minute before it came to South Africa. So, I was watching in the United States, especially in Detroit, Black people dying at a disproportional rate. It showed the racism that is already embedded in our healthcare system, the economic oppression we've been dealing with which also affects our health. From afar I was watching colleagues and friends die. How do we imagine our future when literally the whole world is grieving at the exact same time because of an unprecedented historical event?

THEORY

The pandemic has forced us to focus on ourselves, on our world, on our living environment, our children... It's forced us to really grapple with things that we used to move in and out of, things we didn't have to sit with. How are we healing in these moments? We're given the time to heal but that doesn't mean that we have to. And what does this healing even look like? It can look like staying in bed all day. I was forced to heal from some major losses. Everything just changed in life and I know that I am not the only one. Now my complete future has changed. My future, as scary as that might be, is no longer whatever I imagined before.

GRIEF

I guess many were forced by the pandemic to reimagine their futures.

These are moments when our projections of futures may not be necessary. It may be necessary just to focus on the present which always creates the future. I definitely created a new kind of destiny for myself.

It's interesting that you say that the pandemic took away the chance or our habit of escaping from our everyday lives. When it was disturbing, or just boring, there was always a trip to take, or a job to do, or a meeting to attend. And now we have to deal with what's around us in a very concrete manner.

Did this also change your perspective on Afrofuturism? A term we should definitely explore in more detail here.

There is Afrofuturism as a cultural movement and then there is Afrofuturist thinking which is what I am developing. The pandemic made me think that we need it more now than at any other time. Watching my home country from afar has been fascinating to say the least. But also deeply worrying. I don't understand which future they are trying to forge. Right now, there is a lot of focus on diversity, equity, and inclusion. They are hiring way more people to lead these departments within corporations but it doesn't work.

Why?

Whatever is said isn't being really implemented within the space, in terms of company policies. This is where I appreciate Afrofuturist thinking. For instance, I often talk about co-creation. But if you are a white supremacist, or if you are a sexist and you are trying to co-create, all that you are going to do is cause harm at that table. We are dealing with humans who are all very complex. They are coming with and from all kinds of biases, backgrounds, and cultures. How do we grapple with that and still try to produce something that we all are part of? Afrofuturist thinking gets to the core and helps you to really evaluate those biases—without trying to make you feel guilty about it either.

SPECULATION–HEALING

Afrofuturism in general allows us to talk about very complex issues through this speculative space so it becomes more fascinating and curious and means that more people are open to discussing these issues. This is why most of my audiences are *white*. It's a non-threatening space. It's not a space where you are getting pointed at. It's a space of healing. You can come into this space and re-center Black bodies, which especially *white* Americans never do. It's not part of the culture. We only center them when we criminalize them. That one act of healthy centering what you've been told to demonize all of your life is healing in itself.

Afrofuturism in general allows us to talk about very complex issues through this speculative space so it becomes more fascinating and curious and means that more people are open to discussing these issues.

It's a place of no judgement.

Yes. There's no definition of what makes you an Afrofuturist. Individually we can have our own opinion but collectively that's not our focus. Our focus is liberation. That's why I did the interview series "What does the Afrofuture say?" It was a fun ride. Each and every person has their own relationship to Afrofuturism, defines it completely differently. Some don't even want to be called Afrofuturist. I think we need to understand how diverse the Afrofuturist space is and allow for all of those different ideas. It's still this kind of evolving space. It's not static; it hasn't yet been submitted to our history books. There's a lot of freedom there. I think that's very healthy.

Western narratives are linear: think of the linear narrative of progress, for instance. The distinctions made between culture and nature, body and mind are deeply embedded in our culture, even though they have a destructive impact on the world. What kinds of new narratives can Afrofuturists tell or teach us?

Within the art space Afrofuturism automatically shows that there is another way. That probably is the most important thing. It's intentional coloring outside the line. It's an experimental space. It's about taking that risk constantly. We're living on the edge, trying to figure out new modes of thinking, new tools to use to manifest that thinking and then trying to be inclusive in whatever we bring forth. Linear thinking in the US is embedded in our culture; it's embedded in our policies, and that's why we keep having problems. As you said, it becomes binary, it's either black or white, man or woman. So, it just becomes mind-boggling that there is anything else. Travelling through the United States for instance is most traumatic for a friend of mine who is a trans man. His ID says that he is male but when they do a full body scan at the airport, they see that he doesn't physically have all the parts that they consider a man should have. And they do a full-on body scan every single time. I don't understand what the big deal is. Why do you have to know physically that this is an 'actual, biological man'? Why does this matter? In doing that we are wasting time. We are wasting energy and oftentimes money because we want to be stuck in this limited space. In the wasting of time, energy, and money there are people starving, there are people dying. And you want to know if this person is biologically a man? It doesn't make sense.

We are supposed to play together, we are supposed to evolve together, to grow together, to imagine together, to create new futures together.

There is a statistic that shows that only from 2016 until now [summer of 2021] the United States has lost 16 trillion dollars because of racial discrimination. Can you imagine how it would be if we didn't have racial discrimination? Just racial discrimination, not to mention sexism and other kinds of discrimination and exclusion. What that 16 trillion dollars could do for our nation! This shows very concretely how we are stunting our own growth. It's sad because we have this beautiful opportunity constantly in the United States to set a precedent for what a beautiful, diverse society looks like. That's what we are supposed to be, right, everybody from everywhere is supposed to come together in this wonderful melting pot or stew, whichever way you want it to be. We are supposed to play together, we are supposed to evolve together, to grow together, to imagine together, to create new futures together. And there is just a constant desire to stop all of that.

We are going backwards. Certain states want to either ban teaching slavery or reduce the amount that is spoken about slavery in the US. Barnard Kemter, a 77-year-old white veteran, spoke on Memorial Day in Hudson this year. In his speech he told the history of Memorial Day which was first celebrated by Black Americans in 1865. When he wanted to elaborate on that the organizers silenced him by cutting off his mic. He kept speaking. Not only did he keep speaking, he had copies of his speech to distribute! I love this man. The organizers later admitted to intentionally cutting the mic because they didn't want to hear the history—not even from another white person. They are becoming very blatant and bold. They want to just shut down anything that uplifts the Black body. Afrofuturism can pierce those issues. It can discuss things in a way that helps people to see a complete picture and show how you are limiting and stunting your own growth. You're limiting your own possibilities: your own dreams are being stunted. For what? I don't even understand what their goal is.

STOP–PLAY

That is really disturbing to me, too. Hanging on to discriminative practices is harming both sides of this binary system and, as you say, is limiting everybody. This aspect is often missing from public discourse.

There is a lot of fear around the Black body and Afrofuturism helps us to reimagine, to re-center the Black body. And that's really necessary, even for Black people. I would like to create a new relationship with the Black body. For people to deepen their love or their admiration for the Black body, to see the diversity and expressiveness of it. In knowing and understanding the Black body you get to know and understand the culture, the places where we live, how we exist in certain spaces, how we shift certain spaces because of our joy and pleasure. In Atlanta, for instance, there is this gathering called FreakNik which was started by college students coming together in public spaces, partying and having a great time. But as it grew, traffic would literally get stopped; bridges would get blocked. Because of FreakNik they have reimagined highways and bridges. Oftentimes we try to reimagine an institution and we start from there. But FreakNik did not think about reimaging any sort of space. They just wanted to get together and party. So, through joy and play and pleasure, they were able to reimagine. It made me think that maybe our starting point in trying to make things shift is probably all wrong. Because it feels almost like an academic exercise. We should ask ourselves: what do we want to do in a given space? What kind of joy and pleasure can we experience in that space? And, automatically, we will reimagine it. That's what Afrofuturism does: just go into this other world and through that we can find out what it looks like in this current space. In our daily living.

SPACE–PLEASURE ACTIVISM

You've lived in Detroit for most of your life, a place where you've gotten involved artistically as well as politically—you even ran for mayor in 2017. But as we speak you are living in Johannesburg. May I ask why? What brought you there?

I've always wanted to live in Africa. I have been coming to Johannesburg for over twelve years and decided that this is my base. There are a lot of reasons. One is that I just wanted to be on the continent so I could travel to all the countries. I love Africa so much. There is so much to learn and it'll take a lifetime to do so. Two is that it's statistically the future of our entire world. It has the fastest growing youth population in the world. It's surpassing China or the US. So, what does that mean? What does that look like? I wanted to be on the ground to be very close to that.

We should ask ourselves: what do we want to do in a given space? What kind of joy and pleasure can we experience in that space?

People like Beyoncé and movements like Afrobeat are reinforcing the cultural connection between Black Americans and Africa. That is going to develop into something really beautiful. Any connection that can happen on any other level, politically also, always happens culturally. The pandemic did disrupt something that was already moving really fast. There have been way more Black Americans coming to the continent. Ghana for instance is giving out citizenship to a lot of Black Americans—that in itself is amazing. We are making more money, we have the time, and now there is remote work. So, I am very excited to see the future of the African diaspora in Africa, to see what we can create there.

The combination of the two is the true Afrofuture right there. It behooves us to really work together, to create a strong base to stand on. Especially when they project that in the United States in 2053 our median income is going to be zero. We've got a whole bunch of horrible statistics which we should look at but not project from. That statistic could help in catalyzing and moving forward to more economic empowerment between Africa and the African diaspora and, hopefully create something new for us. We are understanding that we don't have to stay in these spaces. I am not saying that everybody is going to move and leave the United States, but we can take deep breaks; we don't have to subject ourselves to daily micro-aggressions, to the systemic and spatial racism that I have to see every day in Detroit for instance. We don't have to do that. We can leave. Decentering the United States has been healing for me. I think every American needs to do it at some point, just to see what it's like.

COLLABORATION

I have the impression that Black women in the fields of writing, theory, activism, and the arts are finally gaining more visibility in institutions... Institutions that have been predominantly shaped from a *white* point of view. Personally, I have learned a lot through this process. Would you agree that there's a new visibility here? Or is it just my perspective?

I hear what you are saying. Based on my own experiences and observations, especially on Twitter, Black women are very vocal and clear about where they stand and what they are going to do about it. I haven't thought that deeply about it though in terms of if we are moving into a new phase or era, since I'm so used to Black women always being at the forefront. We are always vocal, we are always pushing the envelope, women in general are. We are thinking of our children, we are thinking of generations ahead of us, and we are honoring our past. We do this organically. And now we have these different platforms to voice all of those issues. I do think that we have more money and more power which is shifting the landscape. I have to say that there is this moment of really being unafraid of voicing our opinion. We are less afraid of being penalized or of what the backlash will be like. Because we know that we have that support. The Internet has changed a lot. It has really helped us find each other and then support each other in all our endeavors, in all our dreams, in all our resistance. It's been really interesting to watch. We don't have to be brave alone any more.

Glossary

ARTIFICIAL INTELLIGENCE

"What if capitalism is culture? [...] What if the zeros and ones merely unwind the same program of capital and proletariat, phallus and *his* other, white and non-white? What if AI is just capital's latest craze? There is, of course, the hope that, perhaps when running on quantum computers, artificial intelligence itself could discover that capitalism makes no sense." Luise Meier, *MRX-Maschine* (Berlin: Matthes & Seitz, 2018), 55-56.

BEGINNINGS

"I don't know any better myself how that would work. Not to take the things I describe, not to want them, and to belittle them, to define them so unequivocally, but to rather make them even more free and independent than they were, before I first set my eyes on them." Dorothee Elmiger, *Aus der Zuckerfabrik* (Munich: Hanser, 2020), 155.

DETOURS

It is necessary to turn the passage of the presentation itself into a mode of movement: "I will grope my way and roam the territory rather than take the straight route from A to B, relying on the insight—it is not a new one—that we often learn more on diversions than on the shortest path." Karl Schlögel, *In Space We Read Time: On the History of Civilization and Geopolitics* (New York: Bard Graduate Center, 2016), xix.

DRAMATURGY

"Dramaturgy describes the thread of meaning, philosophic intent or logic, which allows the audience to accept and unite the disparate clues you give them into a coherent whole, connecting to other reference points and contexts in the larger world." Jonathan Burrows, *A Choreographer's Handbook* (London / New York: Routledge, 2010), 46.

GHOSTS

1 "Living beings, in turning a corner, or in producing the movements required to enter the crack in a certain partially opened door, are endowed with certain properties, something which produces its own little river. These daily movements are repeated, and a certain tendency—a certain current if you will—is generated. Then this minor current, because it is a current, must at some point flow into a larger river." Takashi Hiraide, *The Guest Cat* (New York: New Directions, 2014), 14.

2 "Grief is a path to understanding entangled shared living and dying; human beings must grieve *with*, because we are in and of this fabric of undoing. Without sustained remembrance, we cannot learn to live with ghosts and so cannot think." Donna Haraway, *Staying with Trouble. Making Kin in the Chthulucene* (Durham/London: Academic Press, 2016), 39.

HUMAN

1 Of or belonging to the genus *Homo,* distinguished from animals by superior mental development, power of articulate speech and upright posture [...]; that is human or consists of human beings (*human, creature, race*).
2 Of humans as opp. to God [...].
3 having or showing the (esp. better) qualities distinctive of humans *(a very human person)* as opp. to animals, machines, mere objects, etc. J.B. Sykes (ed.), *The Concise Oxford Dictionary* (7th ed.) (Oxford: Clarendon, 1982), 485.

LANGUAGE

1 "'When I use a word,' Humpty Dumpty said in rather a scornful tone, 'it means just what I choose it to mean—neither more nor less.'" Lewis Carroll, *Alice's Adventures in Wonderland & Through the Looking Glass* (London: Methuen, 1983), 171.
2 "I remember speaking a word whose meaning I didn't know but about which I had some inkling, some intuition, then inserting that word into a sentence, testing how it seemed to fit or chafe against the context and the syntax, rolling the word around, as it were, on my tongue." Ben Lerner, "The Hatred of Poetry," in Brandon Kreitler, "Like a Poem: On Ben Lerner's 'The Hatred of Poetry,'" *Los Angeles Review of Books* (July 22, 2016), accessed March 27, 2022.

www.lareviewofbooks.org/article/like-poem-ben-lerners-hatred-poetry/

PLEASURE ACTIVISM

"Ultimately, pleasure activism is us learning to make justice and liberation the most pleasurable experiences we can have on this planet." Adrienne Maree Brown, *Pleasure Activism. The Politics of Feeling Good* (Edinburgh: AK Press, 2019), 13.

SPACE

"We say: the depth of space. But do we not feel that in a 'deep space' depth is not just a spatial property? Is it not rather, as Merleau-Ponty so aptly put it, a more general 'spatiotemporal form of sensation' [...]? When looking at the night sky, for example, the deep field of our experience does not only depend on the depth of focus of our gaze or the camera lens, but that we are dealing with a space that is in motion, that is set in motion by waves of time. And this rhythmic back and forth possesses something of a nocturnal melody [...]." Georges Didi-Huberman, *„Der Raum tanzt," in Topos Raum. Die Aktualität des Raumes in den Künsten der Gegenwart,* eds. Angela Lammert, Michael Diers, Robert Kudielka, and Gert Mattenklott (Nürnberg: Verlag für moderne Kunst Nürnberg, 2005), 16–17.

TECHNOLOGY

"Just as electric motors have disappeared into the background of everyday life, PARC scientists envision a future where mobile computational devices will be similarly transparent. [...] They are mobile, they know their location and they communicate with their environment." Xerox Palo Alto Research Center's (PARC) Computer Science Laboratory (CSL), "Ubiquitous Computing – Xerox PARC circa 1991", video, 00:20, accessed March 14, 2022.

www.youtube.com/watch?v=b1w9_cob_zw

Biographies

ESTHER BOLDT

Esther Boldt studied applied theater studies in Gießen. She lives in Frankfurt am Main and works as an author and dance and theater critic for publications such as *nachtkritik.de*, *Theater heute*, *tanz – Zeitschrift für Ballett, Tanz und Performance*, and *Hessischer Rundfunk*. From 2005 to 2018 she was the theater editor of *Journal Frankfurt*. In addition, she has sat on many juries, writes essays on contemporary aesthetics, and teaches theater criticism at universities in Frankfurt and Mainz. Since 2019, she has led the Academy for Contemporary Theater Journalism alongside Philipp Schulte.

STEFAN HILTERHAUS

Stefan Hilterhaus has been the artistic director of PACT since 2002. He co-founded PACT as part of Tanzlandschaft Ruhr, a project initiated in 1998 that is active across the entire Ruhr region. After training as a boatbuilder and studying history and Romance Studies, he received his degree from the Folkwang University of the Arts along with a postgraduate scholarship. He then worked as a director, performer, choreographer, and curator. Hilterhaus has been a mentor for the European City of Culture in 2010, part of the Kunststiftung NRW's curatorial board, and developed the conceptualization of the Pina Bausch Centre in Wuppertal. He has been (and continues to be) a member of a diverse range of advisory boards, curatorial teams, and juries, such as for the Goethe-Institut, the Alliance of International Production Houses, the HMKV Dortmund, and the Working Group of German International Residency Programs (ADIR).

PROF. DR. ROSI BRAIDOTTI

Rosi Braidotti is a philosopher and Distinguished University Professor Emerita at Utrecht University. In 2021–22 she received the Humboldt Research Award. Her main book publications are "The Posthuman, Posthuman Knowledge," "Posthuman Feminism," and "Nomadic Subjects and Nomadic Theory." She has collaborated with the Early Music Festival for a number of years and often uses examples of both classical and pop music in her writing and lectures.

PROF. DR. GABRIELE GRAMELSBERGER

Gabriele Gramelsberger holds the Chair for Theory of Science and Technology at the RWTH Aachen. Having completed her PhD in philosophy, her current research is focused on the computer's transformation of science and society, focusing in particular on the use of computers as instruments of research, experimentation, and prognosis in the sciences. She has conducted extensive studies on climate modeling and cell biology simulations and is currently concentrating on machine learning as a new form of knowledge production. She founded the Computational Science Studies Lab in 2018. Since 2021, she has been the director of the Käte Hamburger Kolleg's "Cultures of Research" center in Aachen, which is funded by the German Federal Ministry of Education and Research.

TIM ETCHELLS

Tim Etchells' practice shifts between performance, visual art, and fiction. Leading the renowned Sheffield-based performance group Forced Entertainment since its foundation in 1984, his visual art work has been exhibited and presented in significant institutions all over the world. Etchells has worked in collaboration with a range of musicians, artists, and performance makers, including Meg Stuart / Damaged Goods, Marino Formenti, Taus Makhacheva, s. https://m12.manifesta.org/taus-makhacheva/index.html, Vlatka Horvat, and Aisha Orazbayeva. Etchells' monograph on contemporary performance and Forced Entertainment, "Certain Fragments" (Routledge, 1999), is widely acclaimed, and his recent publications include "Endland" (And Other Stories, 2019), "Vacuum Days" (Storythings, 2012) and "While You Are With Us Here Tonight" (LADA, 2013). He won the Manchester Fiction Prize in 2019.

INGRID LAFLEUR

Ingrid LaFleur is a curator, artist, pleasure activist, and Afrofuturist committed to exploring and implementing forward-thinking solutions across multidisciplinary industries, including but not limited to art, technology, education, social enterprise, and finance. For over twenty years, LaFleur has participated in and witnessed the growth of the cultural movement known as Afrofuturism. She boasts an extensive résumé of speaking engagements including presentations and workshops at Centre Pompidou (Paris), TEDxBrooklyn, New Museum (New York), Harvard University, and Oxford University. In 2020, she founded The Afrofuture Strategies Institute (TASI) to research the future impact of emerging technology on Black bodies and to co-create alternative destinies using ethical imagination. LaFleur is currently based in Johannesburg, South Africa.

Impressum Colophon

DIE BUCHREIHE „RADICAL PROXIMITY" ERSCHEINT ANLÄSSLICH DES 20-JÄHRIGEN BESTEHENS VON PACT ZOLLVEREIN IM JAHR 2022.

THE BOOK SERIES "RADICAL PROXIMITY" IS BEING PUBLISHED TO MARK THE 20TH ANNIVERSARY OF PACT ZOLLVEREIN IN 2022.

HERAUSGEBER:INNEN
EDITORS
Esther Boldt und/*and*
PACT Zollverein mit/*with*
Katharina Burkhardt und/*and*
Ann-Charlotte Günzel

AUTORIN
LEAD AUTHOR
Esther Boldt

BEITRAGENDE
CONTRIBUTORS
Rosi Braidotti, Tim Etchells, Gabriele Gramelsberger, Ingrid LaFleur, Luiza Prado De O. Martins

REDAKTION UND KOORDINATION
EDITING AND COORDINATION
Esther Boldt,
Katharina Burkhardt,
Ann-Charlotte Günzel

KONZEPTION
CONCEPTION
Esther Boldt,
Katharina Burkhardt,
Ann-Charlotte Günzel,
Stefan Hilterhaus

ÜBERSETZUNG
TRANSLATION
Artlanguage
(Prolog/*preface*, Rosi Braidotti, Tim Etchells, Gabriele Gramelsberger, Ingrid LaFleur, Glossar/*glossary*)

Gegensatz Translation Collective
Ins Deutsche/*German*:
Claire Schmartz, Tabea Magyar
Ins Englische/*English*:
Ryan Eyers, Marc Hiatt
(Klappentext/*cover text*, Biografien/*biographies*)

LEKTORAT / KORREKTORAT
COPYEDITING AND PROOFREADING
Gegensatz Translation Collective
Deutsch/*German*: André Hansen
Englisch/*English*: Ryan Eyers

Penny Black (Prolog/*preface*),
Yvonne Whyte (Ingrid LaFleur)

Esther Boldt,
Katharina Burkhardt,
Ann-Charlotte Günzel,
Lukas Arp